Crédito Rural
UM DESAFIO A CÉU ABERTO

Conselho Editorial
André Luís Callegari
Carlos Alberto Molinaro
César Landa Arroyo
Daniel Francisco Mitidiero
Darci Guimarães Ribeiro
Draiton Gonzaga de Souza
Elaine Harzheim Macedo
Eugênio Facchini Neto
Giovani Agostini Saavedra
Ingo Wolfgang Sarlet
José Antonio Montilla Martos
Jose Luiz Bolzan de Morais
José Maria Porras Ramirez
José Maria Rosa Tesheiner
Leandro Paulsen
Lenio Luiz Streck
Miguel Àngel Presno Linera
Paulo Antônio Caliendo Velloso da Silveira
Paulo Mota Pinto

Dados Internacionais de Catalogação na Publicação (CIP)

B624c   Bittencourt, Marco Antônio Floriano.
         Crédito rural : um desafio a céu aberto / Marco Antônio Floriano Bittencourt, Sophia Martini Vial. – Porto Alegre : Livraria do Advogado, 2017.
         144 p. ; 23 cm.
         Inclui bibliografia.
         ISBN 978-85-69538-74-5

         1. Crédito rural - Brasil. 2. Crédito rural - Brasil - Legislação. I. Vial, Sophia Martini. II. Título.

CDU 347.278(81)
CDD 332.710981

Índice para catálogo sistemático:
1. Crédito rural : Brasil   347.278(81)

(Bibliotecária responsável: Sabrina Leal Araujo – CRB 10/1507)

Marco Antônio Floriano Bittencourt
Sophia Martini Vial

Crédito Rural
UM DESAFIO A CÉU ABERTO

Porto Alegre, 2017

©
Marco Antônio Floriano Bittencourt
Sophia Martini Vial
2017

Projeto gráfico e diagramação:
Livraria do Advogado Editora

Capa:
Danilo Oliveira
Foto: Istockphoto/k009034

Pesquisadora e esquematizadora:
Carolinne Góes Moraes

Revisão:
Rosane Marques Borba

Direitos desta edição reservados por:
Livraria do Advogado Editora Ltda.
Rua Riachuelo. 1300
90010-273 Porto Alegre/RS
Fone: 0800-51-7522
editora@doadvogado.com.br
www.doadvogado.com.br

Impresso no Brasil/Printed in Brazil

À memória do meu pai Celso Antônio de Oliveira Bittencourt e meu sogro Carlos Alberto Sampaio Martins de Barros, exemplos de homens que formaram minhas convicções.

À memória de minha avó Odila Machado Vial.

Agradecemos imensamente à Senadora Ana Amélia Lemos, que, originária de Lagoa Vermelha/RS, é grande conhecedora dos problemas enfrentados pelas mulheres e pelos homens que trabalham no agronegócio e que, desde 2014, tem levado adiante a ideia de possibilitar sanidade financeira às inúmeras famílias que dependem do campo.

Ao Ministro Blairo Maggi, homem conhecedor do agronegócio que sempre acreditou no Projeto de Lei "Replantar", brindando-nos com inúmeras e importantes observações e críticas para melhoria.

Aos membros da banca Floriano Bittencourt & Schwartz Advogados Associados.

Ao Programa de Pós-Graduação em Direito da Faculdade de Direito da Universidade Federal do Rio Grande do Sul, na pessoa da Profa. Dra. Claudia Lima Marques e do Prof. Dr. Bruno Nubens Barbosa Miragem.

Agradecemos a Consultoria Legislativa do Senado Federal, que nos apoiou incansavelmente na busca para soluções de desenvolvimento do PLS 354/2014.

À nossa família, aos nossos amigos e aos nossos clientes.

Apresentação dos autores

> "Art. 6º São direitos sociais a educação, a saúde, a alimentação, o trabalho, a moradia, o transporte, o lazer, a segurança, a previdência social, a proteção à maternidade e à infância, a assistência aos desamparados, na forma desta Constituição."

O livro "Crédito Rural: um desafio a céu aberto" aborda em cinco capítulos a forma como o crédito rural é tratado pela doutrina e pela prática jurídica. Este estudo começou a ser detalhado e aprofundado em meados do ano de 2006, com ênfase na solução com celeridade dos litígios que envolvem os produtores rurais e os agentes financeiros.

Além dos estudos que são destinados ao aprofundamento do entendimento contratual e jurisprudencial pertinentes ao tema crédito rural, também nos dedicamos ao conhecimento do sistema financeiro e seus órgãos, passando pelo Conselho Nacional de Justiça, Advocacia Geral da União, Tribunal de Contas da União e Fazenda Nacional.

O objetivo do estudo foi desenvolver e criar um procedimento administrativo cujo foco principal é a devolução de recursos de crédito rural, no qual o agente financeiro possa seguir as normas do sistema financeiro em procedimento especial administrativo pertinente a matéria específica, criando com isso um procedimento célere, conforme preconiza o Conselho Nacional de Justiça, assim como um procedimento legal e objetivo aos olhos dos órgãos controladores e fiscalizadores da União Federal. Com essa percepção de compilação das matérias que abrangem um anseio da classe agropecuária no sistema financeiro e jurídico, foi concebido o PLS 354/2014, então apresentado pela Senadora Ana Amélia Lemos. Ao longo de oito anos desenvolvemos casos práticos e trouxemos à discussão judicial às espécies de recursos de crédito rural, as regras aplicáveis, exigindo a intervenção do judiciário na análise da matéria sob o ponto de vista do sistema financeiro e da origem e destino do fomento agrícola.

Exploramos as interpretações do Manual de Crédito Rural, a proteção da garantia alimentar e das intempéries climáticas capazes de reduzir o produtor rural ao *status* de insolvente. O caminho da desburocratização, assim como a intenção dos efeitos na redução dos processos judiciais, mediante instrumentos de soluções administrativas com o melhor entendimento da matéria por parte do Poder Judiciário, Legislativo e Executivo está diretamente e proporcionalmente interligado ao desenvolvimento da economia agrícola no Brasil.

Prefácio

Tenho repetido, como mantra, que o agro tem sustentado a economia brasileira, garantindo o abastecimento interno de alimentos e obtendo, em volume, superávits comerciais nas exportações, bem acima de qualquer outro setor da produção. Ainda assim, é um setor que enfrenta insegurança jurídica, logística deficitária, carga tributária elevada, burocracia e, em algum caso, certa dose de preconceito. O agro brasileiro é dos mais competitivos do mundo e não mais pertence à ideia, ilustrada por Monteiro Lobato, na figura do Jeca Tatu. O agricultor hoje opera em um setor do qual 68% da atividade é representado por tecnologia e inovação. Insumos e equipamentos modernos e agricultura de alta precisão estão em sintonia com a demanda mundial por alimentos produzidos de forma sustentável, respeitando um Código Florestal rigoroso. Sou autora da Lei dos Integrados, marco regulatório para as cadeias produtiva da carne e laticínios, e do PLS 354/2014 que trata de crédito rural. Esse projeto, aliás, foi inspirado em artigo do especialista nessa matéria Dr. Marco Antônio Floriano Bittencourt, e oferece alternativa para o passivo bilionário do agronegócio, facilitando a substituição da condenação judiciária pela solução administrativa em busca da recomposição dos débitos do crédito rural. Essa obra, pela qualidade na fundamentação do tema, será muito útil aos produtores rurais e aos operadores do direito, nessa especialidade.

Senadora Ana Amélia Lemos,
Presidente da Comissão de Agricultura e Reforma Agrária

Sumário

Prefácio – *Senadora Ana Amélia Lemos*..9
Introdução 13
1. Crédito rural no Brasil 21
    1.1. Contexto histórico 22
    1.2. As espécies de crédito rural no Brasil e os requisitos para sua concessão...27
    1.3. Sistema Nacional de Crédito Rural, Banco Central e o Manual de Crédito Rural..31
    1.4. Judicialização do Crédito Rural..35
    1.5. Solução para o passivo do Crédito Rural – PLS 354/2014.........38
2. Os instrumentos de Crédito Rural 43
    2.1. A Cédula de Crédito Rural..44
    2.2. A Cédula Rural Pignoratícia...48
    2.3. A Cédula Rural Hipotecária..50
    2.4. A Cédula Rural Pignoratícia e Hipotecária...................................52
    2.5. A Nota de Crédito Rural..53
    2.6. A Cédula de Produto Rural..54
    2.7. A Cédula de Produto Rural Financeira e outros títulos.............59
3. Os órgãos integrantes do Sistema Nacional do Crédito Rural e suas garantias...63
    3.1. O Sistema Nacional de Crédito Rural..64
    3.2. O Conselho Monetário Nacional e o Sistema Nacional Financeiro..........67
    3.3. Banco Central do Brasil...70
    3.4. Manual do Crédito Rural..72
    3.5. Vinculatividade das Resoluções do Banco Central e Circulares do Conselho Monetário Nacional...72
    3.6. As garantias do crédito rural..80
4. A análise jurisprudencial do Crédito Rural brasileiro...................83
    4.1. O posicionamento do STJ sobre o Crédito Rural.........................84

4.2. O posicionamento do Tribunal de Justiça do Rio Grande do Sul sobre o
Crédito Rural..94
4.3. O posicionamento do Tribunal de Justiça de Goiás sobre o Crédito Rural
no Brasil..98
4.4. O posicionamento do Tribunal de Justiça do Distrito Federal e dos
Territórios sobre o Crédito Rural no Brasil......................................101
4.5. O posicionamento do Tribunal de Justiça do Mato Grosso e
Mato Grosso do Sul sobre o Crédito Rural no Brasil.........................105

**5. Solução para o Crédito Rural no Brasil: o Projeto de Lei do Senado
nº 354/2014 – Projeto Replantar...111**

5.1. Texto inicial do Projeto de Lei nº 354/2014..112
5.2. Análise da PLS nº 354/14 pela Comissão de Agricultura e
Reforma Agrária...118
5.3. Análise da PLS 354/14 pela Comissão de Assuntos Econômicos............121
5.4. Emenda ao PLS 354/14..126
5.5. Conclusões sobre o PLS 354/14...128

Conclusão...135

Posfácio – *Ministro da Agricultura Blairo Maggi*....................................137

Bibliografia...141

Introdução

O Brasil é um país com vocação natural para o agronegócio[1] devido às suas características e diversidades. É o país mais extenso da América do Sul e conta com um potencial de expansão de sua capacidade agrícola, uma vez que no primeiro semestre de 2016 o agronegócio foi o setor que mais contribuiu para o salto positivo da balança comercial brasileira.

Segundo o Ministério da Indústria, Comércio Exterior e Serviços (MICS), dos 10 principais produtos brasileiros exportados, 7 são do agronegócio, respondendo por US$ 29,9 bilhões, 33,2% do total de exportações brasileiras.[2]

Ademais, o agronegócio representa 21,46% do PIB brasileiro de acordo com o calculado pelo Centro de Estudos Avançados em Economia Aplicada (CEPEA) com apoio da Confederação da Agricultura e Pecuária do Brasil (CNA).[3]

---

[1] Buscou-se, neste estudo, a construção de um parâmetro conceitual diferenciado, que abrangesse, como sistema, todas as atividades econômicas ligadas aos produtos agrícolas. Neste sentido, COELHO, Fábio Ulhoa. *Títulos do Agronegócio*. In: BURANELLO, Renato; *et al* (Coord.). Direito do Agronegócio: Mercado, Regulação, Tributação e Meio Ambiente. São Paulo: Quartier Latin, 2013: "O direito do agronegócio não coincide, assim, como o direito agrário empresarial, cujo foco repousa sobre a atividade de produção no campo, um dos elos da cadeia. Deste modo, se as particularidades derivadas dos riscos associados ao ciclo biológico, que conferem substrato ao conceito jurídico de agrariedade, estão, sem dúvida, presentes no objeto circunscrito pela noção de agronegócio, nesta acomodam-se muitas outras questões, impermeáveis a tal especialidade. Aproximando-se do montante da cadeia de produção do agronegócio, os riscos do ciclo biológico eventualmente também se expressam; mas na produção de insumos, transporte, armazenagem, industrialização, exportação e comercialização, bem como nos financiamentos respectivos, os riscos empresariais em jogo são bem diversos".

[2] BRASIL. Ministério da Indústria, Comércio Exterior e Serviços. *Balança comercial brasileira*. Disponível em: <http://www.mdic.gov.br/component/content/article?id=84>. Acesso em: 31 out. 2016.

[3] CEPEA; ESALQ/USP; CNA. *Pib do Agronegócio – Dados de 1995 a 2015*. Disponível em: <http://cepea.esalq.usp.br/pib/>. Acesso em 18 out. 2016.

A produção de grãos nos mostra o grande potencial financeiro do agronegócio, já que temos 196,5 milhões de toneladas produzidas entre 2015/2016, porém possuímos uma perspectiva de aumento de produção para 253,3 milhões de toneladas em 2025/2026, levando em consideração o estudo feito pelo Ministério da Agricultura, Pecuária e Abastecimento (MAPA).[4]

Mesmo com essa grandiosa produção, o Brasil tem potencial para expandir suas terras agricultáveis o equivalente a 10 vezes o tamanho atual, ou seja, chegar a 61 milhões de hectares conforme levantamento feito pela Fundação de Estudos Agrários Luiz de Queiroz.[5] Mostra-se, com isso, o grande potencial de crescimento que o país tem, mesmo já sendo um gigante mundial em relação à agricultura, pecuária e agroindústria.

Por ter um grande potencial agrícola, o Brasil se coloca à frente de diversos países quando se fala em segurança alimentar pela combinação de água, terras cultiváveis, tecnologia e alta produtividade de acordo com o secretário de Política Agrícola do MAPA.[6]

Diante desse quadro favorável, no entanto, o agronegócio depende de vários fatores, principalmente de mecanismos para o seu desenvolvimento, sofrendo de vicissitudes seja de ordem natural; como as condições climáticas, pragas de difícil controle (principalmente em monoculturas), que são capazes de provocar sérios prejuízos ao produtor, quebra de safra; seja de ordem financeira, como a variação dos preços, a crise do mercado, logística desfavorável para o transporte da safra, comercialização de produtos agrícolas por preço muitas vezes maior ou equivalente ao custo da produção.

É inegável que exista atualmente uma política de fomento de crédito agrícola no Brasil; entretanto, principalmente pela má aplicação e pela falta de sanção aos agentes repassadores financeiros dos recursos cujos juros são subsidiados destinados à produção agrícola, torna-se ineficiente na maioria dos casos concretos.

---

[4] MAPA. *Projeções do Agronegócio*: Brasil 2015/16 a 2025/26 – Projeções de Longo Prazo. Disponível em: <http://www.agricultura.gov.br/arq_editor/Proj_Agronegocio2016.pdf>. Acesso em: 19 out. 2016.

[5] FEALQ. *Análise territorial para o desenvolvimento da agricultura irrigada no Brasil*. Disponível em: <http://www.mi.gov.br/documents/1610141/3732769/An%C3%A1lise+Territorial+-+Relat%C3%B3rio+T%C3%A9cnico+Final.pdf/39ec0b08-3517-47e8-acbd-269803e3cf97>. Acesso em: 21 out. 2016.

[6] BRASIL. *Potencial agrícola coloca Brasil à frente da segurança alimentar no mundo*. Disponível em: <http://www.agricultura.gov.br/comunicacao/noticias/2015/12/potencial-agricola-coloca-brasil-a-frente-da-seguranca-alimentar-no-mundo>. Acesso em: 20 out. 2016.

Assim, prescinde de incentivos para o seu progresso por ser ditado pelo binômio risco da produção e garantia alimentar, já que a falta de uma aplicação efetiva da política agrícola pelo sistema financeiro de modo geral, atrelada a altos juros, principalmente nas últimas décadas praticados pelo mercado financeiro somado ao enorme descompasso entre custos de produção e preços obtidos pelos agricultores assevera ainda mais este cenário.[7]

Com esse conhecimento, foi criado pela Lei nº 4.595, de 31 de dezembro de 1964, regulamentado pelo Decreto nº 58.380, de 10 de maio de 1966, o Sistema Nacional de Crédito Rural (SNCR), com a finalidade de desenvolver a atividade agrícola, além de proporcionar a modernização deste setor, institucionalizando o Crédito Rural no Brasil, sendo uma legislação sistematizada e voltada para a atividade rural como resposta aos suplícios de um povo de tradições ruralistas, com dificuldades no campo que retroagem ao Império.

Esse Sistema tem como seus principais agentes os bancos e as cooperativas de crédito, estabelecendo as políticas de controle do Crédito Rural, impondo parâmetros, conceitos e limites que dão norte à atuação de cada parte responsável em cada período de safra, com a elaboração de planos específicos.

As normas de aplicação dos recursos são aprovadas pelo Conselho Monetário Nacional (CMN) e publicadas pelo Banco Central do Brasil (BACEN) no Manual de Crédito Rural (MCR).[8] Ao CMN ficou incumbida a formulação da política creditícia, sendo conduzida pelo SNCR em consonância com as diretrizes do governo de desenvolvimento agropecuário. A decisão do Conselho Monetário Nacional é divulgada através de resoluções do BACEN e operacionalizada pelas instituições financeiras integrantes do sistema.

Vale ressaltar que a Constituição Cidadã conferiu aos agricultores tutela específica, já que a agricultura e seu desenvolvimento são a fonte de manutenção do direito à vida, à garantia alimentar.

A Constituição Federal aborda a agricultura em seu sentido social, tratando-a de forma diferenciada, além do valor à propriedade privada, independentemente do seu tamanho ou de sua classificação. Assevera que a política agrícola será planejada e executada com

---

[7] SOUZA FILHO, Genival Silva. Crédito Rural e a política nacional de refinamento para pequenos produtores. São Paulo: *Revista dos Tribunais*, v. 928, p. 201 – 2016, fev. 2013.

[8] OLIVEIRA NETO, Nestor Porto de. O Crédito Rural no Brasil. Rio de Janeiro: *Revista Doutrinária* – Instituto Ítalo-Brasileiro de Direito Privado e Agrário Comparado, ano 1, n. 1, mai. 1998.

a participação efetiva do setor de produção, envolvendo produtores e trabalhadores rurais, assim como os setores de comercialização, de armazenamento e de transportes, levando em consideração os instrumentos creditícios e fiscais; os preços compatíveis com os custos de produção e garantia de comercialização; o incentivo à pesquisa e à tecnologia; a assistência técnica e extensão rural; o seguro agrícola; o cooperativismo; a eletrificação rural e a irrigação; a habitação para o trabalhador rural, de acordo com o artigo 187 do referido Diploma.

Para tanto, sobreveio a Lei nº 8.171, de 17 de janeiro de 1991, que dispõe sobre a Política Agrícola, definindo a função do Estado, como determinante para o setor público e indicativo para o setor privado. Cabe ao Estado, então, proporcionar a integração dos instrumentos de planejamento agrícola com os demais setores da economia para que esses possam reduzir as incertezas dos setores agroindustriais, eliminando distorções que afetam o desempenho de suas funções econômicas e sociais.

Ainda sobre o artigo 187 da Constituição, em seu inciso I, consta a determinação de existência de uma política agrícola com observância aos instrumentos creditícios e fiscais, direcionando-nos ao Crédito Rural.

O Crédito Rural é um mecanismo garantidor e através da Lei do Crédito Rural nº 4.829/1965 é que temos a definição do seu conceito como sendo "o suprimento de recursos financeiros, por intermédio das entidades públicas e estabelecimentos de crédito particulares, a produtores rurais ou a suas cooperativas",[9] para que tais recursos sejam destinados exclusivamente em atividades rurais nos termos da lei mencionada.

Esse crédito tem como objetivo estimular investimentos por pessoas físicas e empresas, financiar o custeio e a comercialização, incentivar a produção e, consequentemente, a geração de renda, possibilitar aquisição de terras, portanto, beneficiar o agronegócio.

O contrato de crédito agrícola é responsável pela alocação de recursos físicos e financeiros entre os agricultores, o governo, os agentes tradicionais de crédito e as empresas privadas; portanto, deve haver uma análise não de forma isolada, mas sim objetivando o entendimento do complexo sistema de governança de toda cadeia agroindustrial, marcada pela interdependência dos agentes, resul-

---

[9] BRASIL. Lei nº 4.829, de 05 de novembro de 1965. *Institucionaliza o crédito rural*. Disponível em: <http://www.planalto.gov.br/ccivil_03/leis/L4829.htm>. Acesso em: 31 out. 2016.

tado da alta frequência das transações e das incertezas e especificidades inerentes à atividade agrícola.

Demonstra-se essa cadeia no Manual de Crédito Rural, que codificou as normas aprovadas pelo CMN e as divulgadas pelo BACEN, sendo subordinadas aos beneficiários do crédito, ou seja, aos produtores rurais e agroindustriais, tais como as instituições financeiras que operam no SNCR.

Frente à prática do Sistema Financeiro Brasileiro, no entanto, os recursos de Crédito Rural que seriam destinados exclusivamente para a produção agrícola de modo geral, são utilizados como mecanismos de financiamento do próprio agente financeiro, tanto pela venda de pacote de serviços, como para o pagamento de dívidas bancárias mediante repactuações e alongamentos que acabam onerando o ruralista.

De fato, o produtor rural não conhece a aplicação veraz da política agrícola pela prática bancária; primeiro, porque as taxas e as regras (MCR) não são seguidas a pleno pelas instituições financeiras repassadoras dos recursos de fomento e; segundo, os mecanismos de proteção ao produtor rural, como o seguro agrícola, são insuficientes para garantir eventual perda expressiva, considerando que o setor produtivo primário nada mais é que verdadeira empresa "a céu aberto".

Ainda que seja clara tal afirmação e que a política de crédito rural tenha a regulação do Banco Central, os produtores continuam sofrendo com a falta de recursos adequados e o seu modo de operacionalização. O próprio Manual de Crédito Rural é uma tentativa de codificação de normas esparsas que sofre atualizações constantes, impossibilitando, em diversos momentos, o conhecimento pleno sobre a aplicação das políticas públicas.

Não é incomum que as instituições financeiras integrantes do SNCR, na maior parte das vezes, deixem de contribuir, no momento da repactuação do crédito rural, com o próprio produtor, aplicando em parte ou até mesmo deixando de aplicar as Resoluções emitidas pelo BACEN. Em muitos casos, determinam a integralização de garantias não exigidas pelo regramento do BACEN, indo contra o equilíbrio que deve existir nas relações jurídicas.

Temos como consequência inevitável da imposição de taxas não previstas em lei pelas instituições financeiras que recebem esse recurso oriundo da União o inadimplemento por parte dos produtores rurais, já que as instituições financeiras usufruem dos recursos como se a elas pertencessem. Então, na realidade, há recursos com taxas subsidiadas para a agricultura que são utilizados para o pagamento do próprio agente financeiro com a retenção do crédito público para remuneração da operação realizada resultando no passivo bilionário do crédito rural.[10]

Demonstrado o que ocorre reiteradamente no Brasil, fica claro o quanto o produtor rural é deixado de lado em favor do lucro destinado a algumas instituições financeiras credenciadas ao SNCR, e não ao empoderamento daquele que esgota a necessidade crucial de todos nós, qual seja, a alimentação. Mesmo que seja concedido ao crédito rural um tratamento especial, com uma ordem legal específica, sendo seu fim supremo a garantia alimentar, continuam as instituições financeiras a praticar abusos no mercado de crédito rural, onerando o produtor e impedindo, inclusive, o seu fortalecimento econômico para introduzir métodos tecnológicos mais adequados à exploração racional da terra, com vistas ao aproveitamento integral de toda sua capacidade produtiva.

Nesse sentido, o Projeto de Lei do Senado nº 354/2014, de nossa autoria, em conjunto com a Senadora Ana Amélia Lemos, traz à tona a proteção existente que gira em torno do produtor rural, já que prevê a exigência da aplicabilidade das regras supramencionadas em procedimento administrativo para recomposição, alongamento ou para dirimir controvérsias de tomadas de recursos de crédito rural.

Foi recebido positivamente, pois tornará exigíveis as regras de crédito rural no âmbito administrativo com maior eficiência, suprindo, com isso, reiteradas propostas legislativas de renegociação ou inadimplemento.

Além disso, o projeto foi elaborado em consonância com o entendimento do Conselho Nacional de Justiça, objetivando o contraditório administrativo, a solução rápida da controvérsia, a menor onerosidade na devolução do recurso, acarretando, com isso, a diminuição da judicialização referente a processos com recursos destinados ao fomento do agronegócio.

Analisaremos, a partir de então, o crédito rural como um todo, desde a historicidade, passando pela análise jurisprudencial e dos títulos de crédito, até a análise do Projeto de Lei mencionado, garantindo o real entendimento do crédito que exerce um papel de

---

[10] FLORIANO BITTENCOURT, Marco Antônio. *Crédito Rural – solução para o passivo bilionário*. Disponível em: <http://florianobittencourt.adv.br/novo/2014/05/credito-rural-solucao-para-o-passivo-bilionario/>. Acesso em: 05 out. 2016.

extrema relevância à Política Agrícola, sendo o centro dos instrumentos agrícolas, já que sem o crédito rural, não se pode falar em garantia alimentar.[11]

---

[11] MARQUES, Benedito Ferreira. *Direito agrário brasileiro*. 11. ed. rev. e ampl. São Paulo: Atlas, 2015. "O crédito rural exerce um papel relevantíssimo no contexto das medidas governamentais consideras de Política Agrícola. Tão importante é a sua função, que se pode dizer, sem receios da crítica especializada, que ele está para a Política Agrícola, como a função social está para o Direito Agrário. Ele constitui o centro em torno do qual gravitavam, praticamente, todas as demais medidas elencadas como instrumentos da política agrícola. Sem o crédito rural, não se pode falar em assistência técnica, em distribuição de sementes e mudas, em inseminação artificial, em mecanização agrícola, em preços mínimos, em eletrificação rural, no próprio seguro agrícola e até mesmo em extensão rural. Tudo gira em volta do crédito rural".

1. Crédito rural no Brasil

O setor rural, comparado a outras atividades da economia, apresenta maiores riscos, como o risco de preços, que influencia o produtor quando se inicia a atividade produtiva, como também no momento de comercialização da produção, além do risco climático, impossibilitando definir a produção precisa que será alcançada.

Com o objetivo de recompensar esses riscos, atender a demanda alimentar e outros que se fazem presente reiteradamente no agronegócio, algumas políticas governamentais foram definidas para estimular o setor rural.

Entre as políticas adotadas pelo governo, destaca-se a política do crédito rural, tema que será versado ao longo de todo este estudo, iniciando pelo seu histórico, passando a sua conceituação, objetivos, percorrendo pelos títulos de crédito, assim como os órgãos que regulamentam essa matéria, bem como a interpretação judiciária, tão importante para o real entendimento desse crédito nos casos concretos e por fim analisar precisamente o projeto de lei do senado que tenta solucionar problemas frequentes que envolvem esse benefício destinado ao produto rural.

O crédito rural é um mecanismo de concessão de crédito a taxas de juros e condições de pagamento diferenciados do sistema bancário. Ainda, é um dos principais instrumentos assistencialistas do setor rural brasileiro, consolidado a partir do Sistema Nacional de Crédito Rural.

O que se observa, antes de tudo, em relação ao crédito rural, são as diferentes formas de intervenção do Estado em sua política. Nas décadas de 60 e 70, a intervenção ocorreu por meio da destinação de volumes significativos de crédito a taxas de juros subsidiadas para o setor rural.

Na década de 80, a intervenção se deu na política de garantia de preços mínimos. Atualmente, é considerada uma atividade excessivamente normatizada, com uma demanda sazonal, envolvendo grande número de profissionais e uma tecnologia diferenciada.[12]

A partir dessa análise periférica a respeito do tema, prosseguimos para um entendimento da situação atual das fontes de recurso do crédito rural, assim como sua história e suas transformações na política nacional.

1.1. Contexto histórico

O início da instituição do crédito rural no Brasil se deu com a instituição do Penhor Agrícola, através da Lei nº 3.272, de 05 de outubro de 1885, ainda nos tempos do Império.

Já no período Republicano, com o Decreto nº 165-A, de 17 de janeiro de 1890, dispõe a respeito das operações de crédito móvel em benefício da lavoura e indústria auxiliares, sendo que foi realmente observado em 02 de março de 1890, com o Decreto nº 370. Em sua parte II, traça as diretrizes das Sociedades de Crédito Real, autorizadas a consumar operações sob penhor agrícola, beneficiando lavouras e indústrias a ela conexas.

Demonstrando maior atenção à atividade agrícola, o governo republicano, em 06 de novembro de 1903, promulga a Lei nº 829, que permite a organização de Caixas de Crédito Agrícola através dos Sindicatos Rurais. Mais tarde, sem êxito, houve a tentativa de implementação do Crédito Rural através da criação de uma Carteira Especializada em uma parceria com o Banco do Brasil.

Essas tentativas de proteção ao produtor rural e a sua atividade ensejaram a formação de uma mentalidade mais voltada para suas necessidades, dando início ao passo mais crucial com a criação da Lei nº 454, de 09 de julho de 1937, autorizando o Poder Executivo a conceder ao Banco do Brasil anuência para prestar assistência financeira à agricultura, à criação, às indústrias de transformação e a outros com utilização de recursos nacionais, nascendo, assim, a

---

[12] Neste sentido: RIZZARDO, Arnaldo. *Curso de Direito Agrário*. São Paulo: Revista dos Tribunais, 2013; COELHO, Carlos Nayro. 70 anos da política agrícola no Brasil. Brasília: *Revista da Política Agrícola*, ano x, n. 3, jul./set. 2001; REIFSCHNEIDER, Franciso José Becker. *et al. Novos ângulos da história da agricultura no Brasil*. Brasília: Embrapa Informação Tecnológica, 2010. PIMENTEL, Fernando Lobo. Evolução dos instrumentos do crédito para o agronegócio brasileiro. In: BURANELLO, Renato; *et al.* (Coord.). *Direito do Agronegócio*: Mercado, Regulação, Tributação e Meio Ambiente. São Paulo: Quartier Latin, v. 2, 2013.

ainda hoje existente Carteira de Crédito Agrícola e Industrial (CREAI) desse agente financeiro.

Mesmo que sua área de atuação fosse limitada aos chamados Crédito de Exercício e Crédito de melhoria das condições de rendimentos da exploração agrícola pastoril, é considerada uma primeira tentativa válida na implantação do Crédito Rural brasileiro, considerada o órgão central do governo em relação à política de crédito rural por vários anos.

O verdadeiro embrião da Institucionalização do Crédito Rural no Brasil, no entanto, foi através do Decreto nº 50.637 de 20 de maio de 1961, com a criação do Grupo Executivo de Coordenação do Crédito Rural (GECRE), sendo um órgão diretamente ligado à presidência da República, visando à coordenação e à sistematização do crédito rural em todos seus aspectos, sendo atribuídos a ele os seguintes pontos:

Art. 2º São atribuições do GECRE:

a) formular a política de crédito rural do País, estabelecendo as prioridades, as linhas de crédito e os zoneamentos dentro dos quais devem atuar os diversos órgãos executores;

b) tomar todas as providências necessárias no sentido de coordenar o crédito rural e conseguir o seu entrosamento com os serviços de assistência econômica e técnica ao produtor rural;

c) articular com os planos nacionais o crédito rural administrado por entidades públicas ou privadas, de âmbito nacional, estadual ou municipal;

d) sugerir critérios para a localização de agências bancárias ou cooperativas que visem a operar no crédito rural e medidas tendentes à ampliação da rede distribuidora desses créditos;

e) recomendar aos órgãos que operam no crédito rural a adoção de normas de organização e métodos de trabalho compatíveis com a política de crédito traçada pelo Governo;

f) estimular o treinamento de pessoal para a execução dos programas de crédito rural, em articulação com as entidades atuantes nesses programas;

g) promover o estudo da legislação em que se baseia o crédito rural e propor as modificações cabíveis, no sentido de assegurar a sua permanente adaptação às condições do meio e às exigências dos planos do financiamento do Setor Agrícola;

h) administrar o "Fundo de Crédito Rural", quando criado, propondo medidas para sua formação e incremento, assim como estabelecer os critérios de distribuição e controle de sua aplicação.

Foram elencadas a esse Grupo diversas atribuições como vistas acima que não resultaram em um completo êxito, principalmente pela falta de pessoas para levar adiante essas importantes tarefas. Dessa forma, tendo ciência da dificuldade em promover as reformas de base para a atividade agrícola, foram editados dois grandes diplomas legais que deram alento à política creditícia do setor rural, quais sejam, a Coordenação Nacional de Crédito Rural (CNCR), com o Decreto nº 54.019, de 14 de julho de 1964, e o Fundo Nacional de Refinamento Rural (FNRR), através do Decreto nº 54.129, de 13 de agosto de 1964.

Vale ressaltar que, pelo FNRR, responsável pelo estabelecimento de bases de consecução de recursos financeiros internos e externos para aplicação no setor agrícola, foi dada a possibilidade, pela primeira vez, de a rede bancária privada operar o crédito rural.

Logo mais, em 30 de novembro de 1964, foi sancionado o Estatuto da Terra no Brasil através da Lei nº 4.504 regulamentado pelo Decreto 59.566 e nele inserida, pelo artigo 73, VI, a Assistência Financeira e Creditícia como instrumento básico da Política Agrícola.

Ademais, dispõe, em seu artigo 83, que a CNCR, junto ao Ministério da Agricultura, à Superintendência da Moeda e do Crédito e ao Instituto Brasileiro de Reforma Agrária, promoveriam as medidas legais necessárias à institucionalização do crédito rural tecnificado, fixando as normas do contrato padrão de financiamento que permite assegurar proteção ao agricultor, desde a fase do preparo da terra, até a venda ou entrega de suas safras à cooperativa para comercialização ou industrialização.

Embora a Coordenação Nacional de Crédito Rural tivesse estrutura, autoridade e autonomia para a real regulamentação, não pode evitar as distorções que começavam a aparecer na rede bancária privada, já que, na oportunidade, não possuía nem tradição e nem pessoal especializado na concessão do crédito agrícola, sendo imperiosa, portanto, a criação de novos elementos de sustentação para o prosseguimento da política creditícia rural.

Considerando tal percalço que, em 31 de dezembro de 1964, através da Lei nº 4.595, iniciou-se a reforma de base da rede bancária com a criação do Banco Central do Brasil, avocando a si a coordenação e o controle da política de crédito rural, sendo autoridade para isso até os dias atuais, além do Conselho Monetário Nacional, estruturando, assim, o Sistema Financeiro Nacional. Ademais, incorporou ao Banco Central a CNCR por força do Decreto nº 56.835, de 03 de julho de 1965.

Ainda, no ano seguinte, finalmente foi institucionalizado o Crédito Rural no Brasil, por força da Lei nº 4.829, de 10 de maio de 1966, pelo Decreto nº 58.380, constituindo-se em um marco nesse grande período histórico exposto, desenvolvido desde os tempos remotos do Império em um esforço grandioso para formação da mentalidade voltado a certeza de que ajudar o produtor rural é uma necessidade mais que imprescindível.

No artigo 2º da Lei nº 4.829/65, conceitua-se o crédito rural como o "[...] suprimento de recursos financeiros por entidades públicas e estabelecimentos de crédito particulares a produtores rurais ou a suas cooperativas para aplicação exclusiva em atividades que se enquadrem nos objetivos indicados na legislação em vigor".

Também, no artigo 2º do Decreto-Lei nº 58.380/66, há um esclarecimento que o suprimento de recursos do crédito seria feito "por instituições financeiras, assim consideradas as pessoas jurídicas públicas, privadas ou de economia mista que tenham como atividades principal ou acessória a coleta, intermediação ou aplicação de recursos financeiros próprios ou de terceiros".

Os objetivos específicos do crédito rural, conforme o artigo 3º da Lei, são:

Art. 3º São objetivos específicos do crédito rural:

I – estimular o incremento ordenado dos investimentos rurais, inclusive para armazenamento beneficiamento e industrialização dos produtos agropecuários, quando efetuado por cooperativas ou pelo produtor na sua propriedade rural;

II – favorecer o custeio oportuno e adequado da produção e a comercialização de produtos agropecuários;

III – possibilitar o fortalecimento econômico dos produtores rurais, notadamente pequenos e médios;

IV – incentivar a introdução de métodos racionais de produção, visando ao aumento da produtividade e à melhoria do padrão de vida das populações rurais, e à adequada defesa do solo.

Mais tarde, a Circular do BACEN nº 1.268/87[13] previu o que não se constituiria como objetivo do crédito rural:

Não constitui função do crédito rural:

a) financiar atividades deficitárias ou antieconômicas;

b) financiar o pagamento de dívidas;

c) possibilitar a recuperação de capital investido;

d) favorecer a retenção especulativa de bens;

e) antecipar a realização de lucros presumíveis;

f) amparar atividades sem caráter produtivo ou aplicações desnecessárias ou de mero lazer.

---

[13] BACEN. *Circular nº 1.268*. Disponível em: <http://www.bcb.gov.br/pre/normativos/circ/1987/pdf/circ_1268_v1_O.pdf>. Acesso em: 07 nov. 2016.

Atualmente, com algumas pequenas alterações, essas normas estão enumeradas no art. 48 da Lei nº 8.171, de 17 de janeiro de 1991.

Art. 48. O crédito rural, instrumento de financiamento da atividade rural, será suprido por todos os agentes financeiros sem discriminação entre eles, mediante aplicação compulsória, recursos próprios livres, dotações das operações oficiais de crédito, fundos e quaisquer outros recursos, com os seguintes objetivos:

I – estimular os investimentos rurais para produção, extrativismo não predatório, armazenamento, beneficiamento e instalação de agroindústria, sendo esta quando realizada por produtor rural ou suas formas associativas;

II – favorecer o custeio oportuno e adequado da produção, do extrativismo não predatório e da comercialização de produtos agropecuários;

III – incentivar a introdução de métodos racionais no sistema de produção, visando ao aumento da produtividade, à melhoria do padrão de vida das populações rurais e à adequada conservação do solo e preservação do meio ambiente;

IV – vetado;

V – propiciar, através de modalidade de crédito fundiário, a aquisição e regularização de terras pelos pequenos produtores, posseiros e arrendatários e trabalhadores rurais;

VI – desenvolver atividades florestais e pesqueiras.

VII – apoiar a substituição do sistema de pecuária extensivo pelo sistema de pecuária intensivo;

VIII – estimular o desenvolvimento do sistema orgânico de produção agropecuária.

Para Fürstenau, diante dessas limitações existentes ao crédito rural em seus objetivos, é improvável que exista ainda hoje um pensamento de que não exista uma política direcionada ao produtor rural, com um sistema de crédito agrícola vigente, que auxilia no incremento do agronegócio nacional.[14]

Fica evidente que o legislador deixou claro sua ideia de proteger o produtor rural utilizando palavras como "incentivar", "propiciar", demonstrando o quão imperioso deve ser considerada a finalidade de proteger a atividade rural, aplicando-se a justiça social para o crédito e aos seus institutos.

Demonstrado aqui a pequena parcela da história do crédito rural, perceptíveis são as dificuldades pelas quais o agronegócio passou, principalmente em relação aos seus instrumentos de mobilização, já que há necessidade de garantias que eliminem as des-

---

[14] FURSTENAU, Vivian. *O Crédito Rural no Brasil e seus efeitos sobre a agricultura gaúcha*. Porto Alegre: FEE, 1988: "indiscutível que a disponibilidade de um sistema de crédito agrícola institucionalizado ajuda a incrementar a produção do setor".

confianças existentes, implicando, por isso, a colocação de grandes recursos por parte do poder público e a participação inclusive das instituições financeiras nesse processo.[15]

Assim, fica demonstrado que sem garantias efetivas ou recursos destinados exclusiva e especificamente a esse crédito, limita o seu verdadeiro propósito, ficando claro que, nem os órgãos, nem as instituições financeiras podem fugir da sistemática originalmente imposta, o que se verá ao compreendermos as espécies de crédito rural no Brasil e os requisitos necessários para a sua concessão.

1.2. As espécies de crédito rural no Brasil e os requisitos para sua concessão

Por meio de políticas adequadas, a agricultura tem como contribuir para os principais objetivos de desenvolvimento da economia em geral do Brasil, tanto em nível nacional, quanto em nível global.

O crédito rural não é um simples contrato[16] firmado entre a agência bancária e o produtor rural, não há uma plenitude de vontade dos contratantes, princípio importante aos contratos em geral, na realidade, toda sua estrutura se baseia na administração dada pelo estado-legislador com a clara intenção de estimular, favorecer, fortalecer e incentivar a atividade rural e os produtores que nela atuam.

De acordo com a Lei que institucionaliza o crédito rural, os financiamentos rurais caracterizam segundo sua finalidade, de acordo com o artigo 9º da referida lei.

---

[15] BULGARELLI, Waldírio. *Aspectos jurídicos dos títulos de crédito rural*. São Paulo: Revista dos Tribunais, v. 453, jul. 1973.

[16] Neste sentido, GOMES, Orlando. *Contratos*. 26. ed. Rio de Janeiro: Forense, 2009: "O contrato consensual torna-se perfeito e acabado no momento em que nasce o vínculo entre as partes. Para sua formação, são necessárias duas ou mais declarações de vontade que se encontrem emitidas por duas ou mais partes, ou a atuação da vontade de oblato. As declarações devem ser coincidentes. Se a lei não exige que seja expressa, a declaração da vontade pode ser tácita. Importa, apenas o intercâmbio, o concurso, a acordo de vontades. Por vezes, as declarações se emitem sem se poder determinar a precedência, formando-se o contrato instantaneamente. Outras vezes media entre uma e outra um lapso de tempo, mesmo entre presentes. Cada declaração de vontade toma, na formação do contrato, denominação peculiar e é submetida a regras específicas. A declaração inicial, que visa a suscitar o contrato, chama-se proposta ou oferta. Quem a emite é denominado proponente ou policitante. A declaração que lhe segue, indo ao seu encontro, chama-se aceitação, designando-se aceitante ou oblato o declarante. Proposta e aceitação não constituem negócios jurídicos, classificando-se como atos pré-negociais, de efeitos prefigurados na lei. São, entretanto, declarações receptícias de vontade, somente eficazes no momento em que chegam ao conhecimento da pessoa a quem se dirigem. O vínculo contratual nasce quando a proposta e a aceitação se integram".

Art. 9º Para os efeitos desta Lei, os financiamentos rurais caracterizam-se, segundo a finalidade, como de:

I – custeio, quando destinados a cobrir despesas normais de um ou mais períodos de produção agrícola ou pecuária;

II – investimento, quando se destinarem a inversões em bens e serviços cujos desfrutes se realizem no curso de vários períodos;

III – comercialização, quando destinados, isoladamente, ou como extensão do custeio, a cobrir despesas próprias da fase sucessiva à coleta da produção, sua estocagem, transporte ou à monetização de títulos oriundos da venda pelos produtores;

IV – industrialização de produtos agropecuários, quando efetuada por cooperativas ou pelo produtor na sua propriedade rural.

O custeio agrícola atende as despesas normais do ciclo produtivo das culturas, de um ou mais período da produção, seja da parte agrícola, seja da parte pecuária. Portanto, é crédito rural de custeio o empréstimo de recursos com taxas subsidiadas ao produtor para cobrir, desde a compra dos insumos até a fase da colheita, das despesas das diversas culturas.

Em relação ao investimento, considera-se dual, já que se destina à formação do capital fixo ou semifixo de bens ou serviços. Com relação ao capital fixo, é destinado à implantação de culturas mais perenes, além de despesas com benfeitorias e instalações, ou seja, obras realizadas com propósito de conservação, armazenagem, de reformar, construir ou ampliar, e ainda na aquisição de máquinas e equipamentos, eletrificação, irrigação, drenagem e recuperação de solo.

O segundo, associado ao investimento, é destinado a adquirir o capital semifixo de bens ou serviços, em que se preveem os suprimentos de despesas com a aquisição de bens semoventes, ou seja, aquisição de animais para cria, engorda, serviço, além de obtenção de máquinas, veículos, implementos e instalações, tanto de curto, como de médio prazo.

Referente à comercialização, define-se como crédito rural destinado a cobrir despesas posteriores à colheita, como armazenamento, seguro, frete, manipulação, etc. Permite ao produtor rural e às suas cooperativas se manterem, adotando mecanismo que garantam o abastecimento e levem o armazenamento da colheita nos períodos de queda de preço. Além disso, destina-se também para descontos de títulos oriundos da venda de produção própria.

Relativo à industrialização, temos que é um crédito rural com vistas à transformação da matéria-prima diretamente pelo produtor rural. É considerado aquele crédito para a industrialização de recursos que beneficiem o produto, como a soja, o arroz, assim como a formação de sementes, etc.

Evidencia-se, mais uma vez, que o crédito rural tem um campo específico de execução e de maneira nenhuma pode ser desviado para outra atividade que não seja a rural, sob pena de configurar desvio de finalidade. Não há outro entendimento a não ser a imposição da própria lei que regula esse subsídio, como observado no artigo 8º da Lei nº 4.829/65:

> Art. 8º O crédito rural restringe-se ao campo específico do financiamento das atividades rurais e adotará, basicamente, as modalidades de operações indicadas nesta Lei, para suprir as necessidades financeiras do custeio e da comercialização da produção própria, como também as de capital para investimentos e industrialização de produtos agropecuários, quando efetuada por cooperativas ou pelo produtor na sua propriedade rural.

Por ter o crédito rural normatizações a serem seguidas,[17] não cabe às instituições financeiras fugir da sistemática imposta, mesmo que isso ocorra, como, por exemplo, na expedição de ordens de serviços ou portarias que agridem o sistema que o legislador buscou proteger, constituindo-se em ato administrativo viciado por desvio ou até mesmo abuso de direito.[18]

Por isso, enunciam-se, nos mesmos termos, as exigências básicas que deverão ser respeitadas pelo pretendente em adquirir e pelo financiador a transmitir o crédito destinado à atividade rural. O artigo 10 da Lei nº 4.829/65 exige os seguintes requisitos:

> Art. 10. As operações de crédito rural subordinam-se às seguintes exigências essenciais:

---

[17] Neste sentido, veja: BARROS, Wellington Pacheco. *O Contrato e os Títulos de Crédito Rural*. Porto Alegre: Livraria do Advogado, 2000. Crédito rural não é operação bancária em que o emprestador do dinheiro, o banqueiro, e o tomador, o produtor rural, se estipulem livremente como e quando entenderem possível. Instituto de direito agrário fortemente dirigido pelo legislador através da Lei nº 4.829, de 05.11.65, não tem o órgão Federal que o regulamenta, o CMN, ou a autarquia federal de crédito que o controla, o Banco Central, ou os demais bancos integrantes de seu sistema de concessão de crédito rural, o poder discricionário de dizer diferentemente do que a lei preconiza. Portanto, não basta ser produtor rural para que imediatamente alguém se invista na condição de beneficiário do *crédito rural*.

[18] Conceituando abuso de direito, Bruno Miragem: "Trata-se da aceitação da ideia de que todos os direitos subjetivos possuem uma finalidade social e econômica que deve ser respeitada pelos titulares desses direitos. Reforça assim, o conceito de relatividade dos direitos subjetivos, não apenas afirmando que a vontade do titular não os controla completamente, mas igualmente caracterizando os limites dessa vontade de acordo com os fins para os quais se conceberam tais direitos. Da mesma maneira opera em relação à definição de abuso de direito no Código de Defesa do Consumidor: uma vez que não se identifica, mas igualmente também não a contraria em seus fundamentos, termina por complementá-la". MIRAGEM, Bruno. Abuso de direito: ilicitude objetiva no Direito Privado brasileiro. São Paulo: *Revista dos Tribunais*, v. 842, dez. 2005.

I – idoneidade do proponente;

II – apresentação de orçamento de aplicação nas atividades específicas;

III – fiscalização pelo financiador.

Além disso, o Decreto nº 58.380, de 10 de maio de 1966, que regulamenta a Lei que institucionaliza o Crédito Rural, acrescenta o seguinte:

Art. 13. As operações de crédito rural subordinam-se às seguintes exigências essenciais:

§ 1º A idoneidade do proponente deverá constar do registro cadastral obrigatoriamente existente no órgão financiador.

§ 2º Quando se tratar de crédito destinado exclusivamente à comercialização, as exigências constantes dos incisos II e III deste artigo serão substituídas pela comprovação de que o produto negociado é de produção própria ou, quando se tratar de cooperativa, de seus associados.

§ 3º A fiscalização das atividades financiadas e da aplicação do crédito será obrigatória pelo menos uma vez no curso da operação.

Art. 14. As operações de crédito rural devem subordinar-se ainda aos seguintes preceitos:

a) adequação, suficiência e oportunidade do crédito;

b) incremento da produtividade e da produção agrícola, tendo em vista a melhoria da rentabilidade da exploração financiada;

c) segurança razoável baseada, principalmente, no planejamento da operação;

d) melhoramento das práticas rurais e melhoria das condições de vida e de trabalho na unidade rural beneficiada;

e) liberação do crédito em função das necessidades do plano e fixação de prazo para o reembolso em sincronia com os ciclos de produção e a comercialização normal dos bens produzidos.

A Lei que dispõe sobre a Política Agrícola, ou seja, Lei nº 8.171/91, de 17 de janeiro de 1991, estabelece que o crédito rural se caracteriza como uma de suas ações e instrumento de sua implementação. Portanto, faz jus a modificação dos requisitos necessários para sua concessão, de acordo com seu artigo 50 em que expõe:

Art. 50. A concessão de crédito rural observará os seguintes preceitos básicos:

I – idoneidade do tomador;

II – fiscalização pelo financiador;

III – liberação do crédito diretamente aos agricultores ou por intermédio de suas associações formais ou informais, ou organizações cooperativas;

IV – liberação do crédito em função do ciclo da produção e da capacidade de ampliação do financiamento;

V – prazos e épocas de reembolso ajustados à natureza e especificidade das operações rurais, bem como à capacidade de pagamento e às épocas normais de comercialização dos bens produzidos pelas atividades financeiras.

§ 1º Vetado

§ 2º Poderá exigir-se dos demais produtores rurais contrapartida de recursos próprios, em percentuais diferenciados, tendo em conta a natureza e o interesse da exploração agrícola.

§ 3º A aprovação do crédito rural levará sempre em conta o zoneamento agroecológico.

Quanto à liberação do crédito diretamente ao agricultor ou por intermédio de suas associações ou cooperativas, o banco emprestador não pode desviar-se dessa norma legal e agir, por exemplo, desviando a finalidade do objetivo do recurso. Caso aja dessa forma, pratica abuso passível, portanto, de penalidades pelo Departamento de Regulação, Supervisão e Controle das Operações de Crédito Rural e do Proagro (Derop) subordinada ao Diretor de Organização do Sistema Financeiro e Controle de Operações de Crédito Rural (Diorf), por práticas irregulares no âmbito de instituições financeiras e demais instituições autorizadas a funcionar pelo Banco Central do Brasil, relativas às operações de crédito rural, além de possibilitar, ao agricultor, a solução da controvérsia judicialmente.

1.3. Sistema Nacional de Crédito Rural, Banco Central e o Manual de Crédito Rural

Delinearemos, inicialmente, considerações a respeito do sistema que visa à coordenação, distribuição, fiscalização e estudo da problemática resultante do programa governamental traçado em volta dos objetivos do Crédito Rural, ou seja, o Sistema Nacional de Crédito Rural (SNCR).

Considera-se crédito rural o suprimento de recursos financeiros, por instituições do SNCR, para aplicação exclusiva nas finalidades e condições estabelecidas no Manual de Crédito Rural, de acordo com sua Circular 1.268. Fica incumbido o SNCR de conduzir os financiamentos, sob as diretrizes da política creditícia formulada pelo Conselho Monetário Nacional (CMN), em consonância com a política de desenvolvimento agropecuário.

O Sistema Nacional de Crédito Rural é sistema único, que vincula produtores rurais e suas cooperativas, instituições financiadoras e o próprio Estado, que possui como prerrogativa o fomento do setor agropecuário. Por essa razão, não são as instituições financeiras que determinam as normas contratuais, nem sobre elas há livre estipulação de vontades e prerrogativas inerentes aos demais contratos de crédito.

As decisões do CMN, de acordo com as atribuições estabelecidas na Lei nº 4.595, de 31 de dezembro de 1964, disciplinam o crédito rural do Brasil, estabelecendo, com exclusividade, as normas operativas, quais sejam: avaliação, origem e dotação dos recursos a serem aplicados ao crédito; dar diretrizes e instruções relacionadas com a aplicação e controle do crédito; criar critérios seletivos e de prioridades para a sua distribuição; fixar e ampliar os programas de crédito rural, abrangendo todas as formas de suplementação de recursos, inclusive refinamento. Todas essas atribuições de acordo com o artigo 4º da Lei nº 8.429/65.

Por sua vez, o art. 7º da Lei nº 4.595/94 determina que junto ao CMN funcionarão as Comissões Consultivas bancárias, de mercado de capitais, de crédito rural e de crédito industrial. As atribuições legais e regulamentares do Ministério da Fazenda relativamente ao meio circulante são transferidas ao Conselho Monetário Nacional e ao BACEN, definida pelo artigo 46 da Lei.

Ao Banco Central (BACEN) ficou a responsabilidade de cumprir todas as deliberações do CMN aplicáveis ao crédito rural, considerado o órgão de controle do SNCR, tendo competência para sistematizar a ação dos órgãos financiadores e promover a coordenação com aqueles que prestam assistência técnica e econômica ao produtor rural; elaborar planos globais de aplicação do crédito rural e conhecer de sua execução, tendo em vista a avaliação dos resultados para a introdução de correções cabíveis; incentivar a expansão de rede distribuidora do crédito rural, especialmente através das cooperativas; estimular a ampliação dos programas de crédito rural, mediante financiamento aos órgãos participantes da rede distribuidora de crédito. Competências elencadas no artigo 6º da supramencionada Lei.

Integrando o Sistema de Crédito Rural, encontram-se, autorizados pela Lei e partir do exposto na Circular nº 1.536, os órgãos básicos a ele, ou seja, o BACEN, o Banco do Brasil S.A., o Banco da Amazônia S.A. e o Banco do Nordeste do Brasil S.A.

Como órgão vinculado ao Sistema, de acordo com a Lei nº 4.504/64 e a Circular supramencionada, há o Banco Nacional do Desenvolvimento Econômico e Social (BNDES).

Como órgãos auxiliares ao SNCR temos as agências de fomento, bancos estaduais, inclusive de desenvolvimento, bancos privados, Caixa Econômica Federal (CEF), cooperativas autorizadas a operar em crédito rural e sociedades de crédito, financiamento e investimento.

Por fim, legislados estão os órgãos incorporados, quais sejam, as instituições integrantes do Sistema Brasileiro de Poupança e Empréstimo (SBPE).

Como normativa do MCR, a instituição financeira deve ser autorizada pelo BACEN para atuar em crédito rural, respeitando as seguintes normativas:

Para atuar em crédito rural, a instituição financeira deve obter autorização do Banco Central do Brasil, cumprindo-lhe:

a) comprovar a existência de setor especializado, representado por carteira de crédito rural, com estrutura, direção e regulamento próprio e com elementos capacitados, observando o disposto no item 1-A, quando for o caso;

b) difundir normas básicas entre suas dependências e mantê-las atualizadas, com o objetivo de ajustar as operações aos critérios legais pertinentes e às instruções do Banco Central do Brasil, sistematizando métodos de trabalho compatíveis com as peculiaridades do crédito e uniformizando a conduta em suas operações;

c) manter serviços de assessoramento técnico em nível de carteira e assegurar a prestação de assistência técnica em nível de imóvel ou empresa, quando devida;

d) indicar previsão dos recursos próprios que serão destinados às modalidades de credito rural;

e) designar, entre os administradores homologados pelo Banco Central do Brasil, o responsável pela área de crédito rural.

De acordo com a Lei nº 4.595/64, apenas o Conselho Monetário Nacional é que tem a atribuição de limitação de juros e encargos, além de estabelecer diretrizes de favorecimento ao crédito rural.

Ainda sobre o Sistema Nacional de Crédito Rural, é importante dizer que os recursos relativos ao crédito serão classificados de acordo com a origem dos recursos aplicados e as remunerações financeiras.

Assim, serão controlados: a) os recursos obrigatórios (decorrentes da exigibilidade de depósito à vista), b) os das Operações Oficiais de Crédito sob supervisão do Ministério da Fazenda; c) os de qualquer fonte destinados ao crédito rural na forma da regulação aplicável, quando sujeitos à subvenção da União, sob a forma de equalização de encargos financeiros, inclusive os recursos administrados pelo Banco Nacional de Desenvolvimento Econômico e Social (BNDES); d) os oriundos da poupança rural, quando aplicados segundo as condições definidas para os recursos obrigatórios; e) os dos fundos constitucionais de financiamento regional; f) os do Fundo de Defesa da Economia Cafeeira (Funcafé).

Por outro lado, os recursos não controlados podem ser livremente pactuados entre as partes não excedendo os limites impostos pelo BACEN, observando-se que no caso de recursos da poupança rural, deve-se tomar por base: a) a remuneração básica aplicável aos depósitos de poupança com data de aniversário no dia da assinatura do respectivo contrato, acrescida de taxa efetiva de juros; ou b) taxa efetiva de juros prefixada.

Percebe-se, portanto, que todo o Crédito Rural deve obedecer aos dispositivos constitucionais e àqueles dispositivos traçados pelo MCR do BACEN, demostrando, com isso, a preocupação do poder público em ter a responsabilidade pela gestão do sistema de crédito rural, visto que há grandes riscos negociais nessa atividade, como condições climáticas, crises do mercado, pragas, situações imprevisíveis que abrangem o agronegócio.

Em tempo, o Manual do Crédito Rural deixa especificados aqueles que são beneficiários desse crédito subsidiado pelo governo, quais sejam:

É beneficiário do crédito rural:

a) produtor rural (pessoa física ou jurídica);

b) cooperativa de produtores rurais.

Pode ainda ser beneficiária do crédito rural pessoa física ou jurídica que, embora sem conceituar-se como produtor rural, se dedique às seguintes atividades vinculadas ao setor:

a) pesquisa ou produção de mudas ou sementes fiscalizadas ou certificadas;

b) pesquisa ou produção de sêmen para inseminação artificial e embriões;

c) prestação de serviços mecanizados, de natureza agropecuária, em imóveis rurais, inclusive para proteção do solo;

d) prestação de serviços de inseminação artificial, em imóveis rurais;

e) medição de lavouras;

f) atividades florestais.

Podem ser beneficiários de crédito rural de comercialização, quando necessário ao escoamento da produção agropecuária:

a) beneficiadores e agroindústrias que beneficiem ou industrializem o produto, desde que comprovada a aquisição da matéria-prima diretamente de produtores ou de suas cooperativas, por preço não inferior ao mínimo fixado ou ao adotado como base de cálculo do financiamento, e mediante deliberação e disciplinamento do Conselho Monetário Nacional; (Lei 8.171, art. 49, § 1º)

b) cerealistas que exerçam, cumulativamente, as atividades de limpeza, padronização, armazenamento e comercialização de produtos agrícolas. (Lei 8.171, art. 49, § 2º)

O silvícola pode ser beneficiário do crédito rural, desde que, não estando emancipado, seja assistido pela Fundação Nacional do Índio (Funai), que também deve assinar o instrumento de crédito.

Após a explanação do funcionamento do Crédito Rural, passaremos a analisar o contexto real no qual esse importante recurso se enquadra, ou seja, a partir da jurisprudência dos tribunais. Mesmo que o crédito rural tenha uma estrutura legislativa forte, como podemos observar a partir do exposto acima, é importante uma análise aprofundada a respeito do entendimento pelos magistrados sobre esse crédito tão importante para a garantia alimentar de todos.

1.4. Judicialização do Crédito Rural

Como dito, desde os primórdios do Império, há uma preocupação com a terra. E não é por menos, visto que ela é que supre nossa necessidade elementar, ou seja, a alimentação, pela produção da atividade agrária.

A propriedade da terra passou de um entendimento individual, subjetivo, ao entendimento coletivo, social. Inicialmente, a propriedade se constituía em um direito restrito ao proprietário e que no exercício desse direito teria ele o poder, o mais largo possível, de usar, gozar e dispor como ele bem entendesse.[19]

No entanto, a partir da criação de estatutos reguladores visando ao bem e à proteção da maioria, o Estado impôs uma legislação realista, com o entendimento de que a propriedade tem obrigações sociais. O Estatuto da Terra e a própria Constituição Federal de 1988 demostram essa mudança de rumo apanhada pelo legislador.[20]

---

[19] Neste sentido: PEREIRA, Caio Mário da Silva. *Instituições de Direito Civil*. Direitos Reais: posse, propriedade, direitos reais de fruição, garantia e aquisição. Rio de Janeiro: Forense, 18. ed., 2004: "Admitida a sobrevivência da propriedade privada como essencial à caracterização do regime capitalista, garante a ordem pública a cada um a utilização de seus bens, nos misteres normais a que se destinam. Mas, em qualquer circunstância, sobrepõe-se o social ao individual. O bem-estar de todos sobreleva às conveniências particulares. E, para realizá-los, arma-se o legislador de poderes amplos e afirmativos".

[20] JOBIM, Geraldo. A tutela constitucional do crédito rural: (i) licitude da securitização de ativos à União Federal. Porto Alegre: *Revista Eletrônica Artigos Jurídicos e Direito em Debate*, n. 9, ano V, 2015.

Em seus princípios e definições, a Lei nº 4.504/64, que dispõe sobre o Estatuto da Terra e dá outras providências, inclui em suas normas o entendimento de assegurar a função social da terra, o zelo que ela deve ter a todos, e não somente a um proprietário em específico.

> Art. 2º É assegurada a todos a oportunidade de acesso à propriedade da terra, condicionada pela sua função social, na forma prevista nesta Lei.
>
> § 1º A propriedade da terra desempenha integralmente a sua função social quando, simultaneamente:
>
> a) favorece o bem-estar dos proprietários e dos trabalhadores que nela labutam, assim como de suas famílias;
>
> b) mantém níveis satisfatórios de produtividade;
>
> c) assegura a conservação dos recursos naturais;
>
> d) observa as disposições legais que regulam as justas relações de trabalho entre os que a possuem e a cultivem.
>
> § 2º É dever do Poder Público:
>
> a) promover e criar as condições de acesso do trabalhador rural à propriedade da terra economicamente útil, de preferência nas regiões onde habita, ou, quando as circunstâncias regionais, o aconselhem em zonas previamente ajustadas na forma do disposto na regulamentação desta Lei;
>
> b) zelar para que a propriedade da terra desempenhe sua função social, estimulando planos para a sua racional utilização, promovendo a justa remuneração e o acesso do trabalhador aos benefícios do aumento da produtividade e ao bem-estar coletivo.

Além disso, a nossa própria Carta Magna vigente introduziu o solidarismo no direito privado e, portanto, entende como garantia fundamental que a propriedade atenderá a sua função social, em seu artigo 5º, XXIII. Ademais, o artigo 170 explicita quais os princípios de ordem econômica e financeira voltados a essa área, destacando a propriedade privada e a sua função social, explicitando nos artigos 184 a 191 o modo para atingir esses conceitos.

Porém, importante dar mais relevo ao artigo 187 no qual dá uma atenção especial à política agrícola e ao produtor rural, tendo um entendimento que se trata de um sistema cujo envolvimento abarca produção, comercialização, armazenamento e até mesmo transporte.

> Art. 187. A política agrícola será planejada e executada na forma da lei, com a participação efetiva do setor de produção, envolvendo produtores e trabalhadores rurais, bem como dos setores de comercialização, de armazenamento e de transportes, levando em conta, especialmente:
>
> I – os instrumentos creditícios e fiscais;

II – os preços compatíveis com os custos de produção e a garantia de comercialização;
III – o incentivo à pesquisa e à tecnologia;
IV – a assistência técnica e extensão rural;
V – o seguro agrícola;
VI – o cooperativismo;
VII – a eletrificação rural e irrigação;
VIII – a habitação para o trabalhador rural.

No entanto, pelo desenvolvimento atual e por mais que o legislador tenha se esforçado ao conceder efeitos da legislação a todos, muitas das relações existentes não são abarcadas totalmente pela produção legislativa.

A partir desse conhecimento, salienta-se a importância de reconhecer que os litígios atuais devem levar em consideração tanto o reconhecimento de que o interesse coletivo se sobrepõe ao individual, quanto o entendimento que o desenvolvimento social criou novas relações jurídicas que não são alçadas pela legislação codificada.

Sendo assim, o Poder Judiciário representa uma parcela do poder do Estado. O problema que extraímos dessa realidade, trazendo para o âmbito do crédito rural, é que há uma escassez de interpretações legislativas beneficiando o produtor rural, respeitando a proteção social a que ele tem direito e, além disso, há uma falta de sanções direcionadas a quem comete abusos para com ele, pela não observância das regras de amparo ao ruralista, criando-se um espaço para a ocorrência de excessos em face do produtor rural e a atividade essencial que ele exerce a todos nós.

Mostram-se, sucessivamente, abusos praticados que são ocultados pelos agentes financeiros, repassando ao Poder Judiciário, muitas vezes, o entendimento de que a taxa, tempo e modo contratados estariam corretos; porém, no caso concreto, não são observadas as regras que regulam o crédito rural. Em suma, diversas vezes, as instituições financeiras procuram induzir em erro os julgadores, fazendo-os acreditar que o crédito rural, aquele destinado ao fomento da agricultura, transforma-se em mero crédito pessoal.

Referente ao que se vê, de modo geral, a abordagem do Judiciário, tem-se que é um tratamento não especializado em se tratando de crédito rural, visto que diversas vezes o trata como uma operação de crédito corriqueira, podendo gerar um prejuízo ao produtor. Em capítulo próprio, demonstraremos, a partir de estudo aprofundado da jurisprudência acerca desse assunto, os problemas encontrados nas interpretações dos litígios envolvendo o crédito rural.

Salienta-se, mais uma vez, que o crédito rural, emprestado aos estabelecimentos bancários com vias a sustentar a atividade agrária, é um instituto de direito agrário de proteção à garantia alimentar, com sua autonima admitida pela Constituição brasileira em seu artigo 22, I. Desta forma, reitera-se a máxima de que há uma conotação de proteção social. Ora, se o crédito rural é preocupação estatal, então os bancos submetidos a ele e consequentemente a política de crédito rural têm a obrigação[21] de cumprir as normas neste estudo mencionadas.

Portanto, ao se introduzir mais preceitos regulamentadores, como exemplo as resoluções do Banco Central, torna-se conflituoso e esparso o sistema, em oposição ao objetivo de ser simplificador, ou seja, predominar os já mencionados objetivos centrais desse crédito, quais sejam, estimular, favorecer, incentivar, propiciar, desenvolver e apoiar a atividade rural.

Como forma de solução para agrupar as regras esparsas, e com isso diminuir a judicialização do crédito rural de forma que torne um sistema menos oneroso e mais simplificado para ambas as partes, criou-se em 2014 o Projeto de Lei do Senado nº 354, tema que será discutido em capítulo específico.

1.5. Solução para o passivo do Crédito Rural – PLS 354/2014

Na prática, com a não aplicação das regras expedidas diariamente através do MCR para regulamentação do Crédito Rural, o valor que se atribui como passivo bilionário é fictício, pois os recursos financeiros efetivamente liberados para o fomento da agricultura correspondem em valores muito inferiores aos exigidos pelas instituições financeiras, mesmo quando aplicadas as taxas de juros subsidiadas que são derivadas de políticas agrícolas nas operações do crédito rural.

A não observância da liberação integral do dinheiro ao produtor rural, de acordo com as regras expedidas pelo BACEN, como a imposição da venda de pacotes de serviços pelos agentes financei-

---

[21] GOMES, Orlando. *Obrigações*. Revista, atualizada e aumentada, de acordo com o Código Civil de 2002, por Edvaldo Brito. 18. ed. rev. e atual. Rio de Janeiro: Forense, 2016. "Obrigação é um vínculo jurídico em virtude do qual uma pessoa fica adstrita a satisfazer uma prestação em proveito de outra. (...). Aplica-se às obrigações o princípio da boa-fé objetivamente conceituada, que exige, além da colaboração entre as partes da relação, honestidade, lealdade e fidelidade em cada qual".

ros, além do indeferimento de prorrogações injustificadas, implica desvio de finalidade do recurso.[22]

Desta forma, a ideia do projeto de lei é regulamentar e desburocratizar a matéria do crédito rural, respeitando suas regras próprias. Para melhor compreensão do assunto, necessário delimitar o que ocorre atualmente.

Ao se fazer um estudo aprofundado das principais decisões judiciais acerca do assunto, verifica-se que a principal causa de inadimplemento dos produtores rurais está vinculada ao fato de que os agentes bancários não levam em consideração as regras instituídas pelo Banco Central e pelo Sistema Nacional de Crédito Rural, tais como a liberação de recursos, taxa de juros subsidiados, repactuações (como exposto no Manual do Crédito Rural), retenção de valores, etc., verdadeiramente desrespeitando-as.

O que ocorre é que os bancos vinculados ao SNCR usufruem dos recursos como se a eles pertencessem. Uma prova disso é quando ocorre a chamada operação "mata-mata",[23] em que o produtor pactua outro crédito rural para pagamento da dívida existente por conta da primeira pactuação e com isso arrecadar capital para um futuro plantio.

Percebemos, sobremaneira, que o banco responsável pelo repasse do dinheiro ao produtor rural paga o débito anterior com verba de política agrícola, altamente onerado e lançado em desfavor do produtor, retendo, muitas vezes, a totalidade do "novo capital". Portanto, novamente, há repetidas operações financeiras com verba da agricultura sendo utilizada para pagamento do agente financeiro, caracterizando, assim, a prática do "mata-mata" com o dinheiro público ou de gestão pública.

---

[22] Neste sentido, NUNES, Silvério Carvalho. O Crédito Rural perante a justiça. Belo Horizonte: *Associação dos Magistrados Mineiros*, n. 17, dez. 1988: "Alguns agentes financeiros, visando impedir a correta aplicação dos princípios do Sistema em exame, estão emprestando dinheiro aos ruralistas sob a rubrica de *empréstimos pessoais*. Tais operações, embora com outro nome, podem consubstanciar empréstimos rurais verdadeiros. Comprovada a hipótese, as cláusulas ofensivas às normas básicas do Crédito Rural serão nulas. Cabe, pois, ao Judiciário cortar os excessos e tornar transparente a operação, fazendo incidir nela a legislação específica. [...] Os negócios que procuram desvirtuar e fraudar o Sistema de Crédito Rural devem tornar-se transparentes, fazendo, a Justiça, incidir neles a legislação específica com os princípios que a orientam".

[23] BRASIL. *Superior Tribunal de Justiça*. Recurso Especial n° 132.730 da 3° Turma, rel. Min. Carlos Alberto Direito, 16 jun. 1998. Disponível em: <https://ww2.stj.jus.br/processo/ita/documento/mediado/?num_registro=199700350622&dt_publicacao=24-08-1998&cod_tipo_documento=>. Acesso em: 28 out. 2016.

Tal ato é vedado pelo Banco Central em suas Resoluções nº 3.208, de 24 de junho de 2004, e nº 3.745, de 30 de junho de 2009. Esta última afirma que é proibida a transferência de dívida rural amparada por recursos de política de crédito rural, salvo quando decorrente de divisão de imóvel rural por doação, inventário, separação judicial de cônjuges ou divórcio.

Quando da aprovação do projeto de lei pela Comissão de Agricultura e Reforma Agrária (CRA), a senadora Ana Amélia Lemos e o relator Blairo Maggi comentam a respeito desse fato com a Agência Senado, salientando a importância da aprovação desse projeto de lei.[24]

Desta forma, devem ser respeitadas as determinações constantes nas resoluções e normativas do Banco Central e SNCR para liberação do crédito pelas instituições financeiras filiadas ao Sistema, além de elas promoverem acordos por meio de processos administrativos.

Os agentes financeiros que se credenciaram por opção ao Sistema Nacional de Crédito Rural devem estar abertos a esses processos, assim como ocorre em outros órgãos públicos, como o Tribunal de Contas e a Receita Federal, conferindo ao produtor o direito de ampla defesa[25] administrativa.

Os procedimentos administrativos, além do respeito às regras já existentes, elucidam e em muitos casos expurgam do débito irregularidades existentes, dando oportunidade do produtor fazer o

---

[24] AGÊNCIA SENADO. *CRA aprova projeto que facilita renegociação de dívidas rurais*. Disponível em: <http://www12.senado.leg.br/noticias/materias/2015/08/06/cra-aprova-projeto-que-facilita-renegociacao-de-dividas-rurais>. Acesso em 07 de out. 2016. "Ana Amélia explica que muitos produtores rurais são levados a contrair novos empréstimos para quitar débitos anteriores, sendo frequente a necessidade de renegociação. Em muitos casos, conta, a falta de ambiente para entendimento leva à judicialização dos conflitos relativos ao crédito rural, atrasando a solução e prejudicando a produção de alimentos no país. Ela disse acreditar que os problemas de endividamento dos produtores serão solucionados com mais agilidade e menor custo se as instituições financeiras forem incentivadas a promover acordos por meio de processos administrativos. Eventuais renegociações de dívidas rurais são inevitáveis, mas o excesso de burocracia quase sempre leva à necessidade de edição de leis, o que torna o processo de renegociação moroso, prejudicando o setor produtivo, que precisa de respostas rápidas para planejar sua produção – observou o relator (Blairo Maggi), ao afirmar que as medidas previstas no PLS 354/2014 ajudarão a agilizar a renegociação das dívidas".

[25] BRASIL. *Constituição da República Federativa do Brasil de 1988*. Disponível em: <http://www.planalto.gov.br/ccivil_03/constituicao/constituicaocompilado.htm>. Acesso em: 31 out. 2016. Art. 5º, LV da Constituição Federal: "aos litigantes, em processo judicial ou administrativo, e aos acusados em geral são assegurados o contraditório e ampla defesa, com os meios e recursos a ela inerentes". Em outras palavras, João Batista Lopes: "ao referir-se à ampla defesa, pretende a Constituição consagrar a garantia da defesa pertinente, necessária e adequada, já que o abuso de direito é vedado pelo sistema jurídico", em LOPES, João Batista. *Curso de direito processual civil*. São Paulo: Editora Atlas, v. 1, 2005.

pagamento ao agente financeiro do real valor devido ou pelo menos questioná-lo na esfera administrativa. Porém, caso ainda haja necessidade de demanda judicial, o histórico da contratação estará constituído, facilitando o entendimento pelo agente julgador.

O processo administrativo, quando instituído, possibilitará que o agente financeiro e o produtor rural sanem a aplicação das regras de crédito rural, trazendo-as para patamares legais e reais, tornando possível ao produtor o alongamento ou o pagamento do débito de acordo com o que determina o SNCR, através do MCR.

Em casos previstos no MCR, como quebra da safra ou variação excessiva do preço do produto, por exemplo, o produtor poderá justificar de forma célere perante a instituição financeira o atraso no adimplemento e até mesmo prorrogar sua conta nos mesmos patamares contratados de modo e tempo, ou conforme determinar o BACEN, evitando a incidência de encargos indevidos.

Assim, resguardado estaria tanto o ganho da instituição financeira, conforme regra do SNCR, quanto o *status* de proteção constitucional ao produtor rural. Da mesma forma, propiciaria aos integrantes do agronegócio que estão em atraso a possibilidade de rever seu histórico negocial, evitando o desgaste judicial.

Importante salientar que o binômio capacidade e possibilidade do produtor rural está presente nestas modalidades de contratações, sendo assim, com mais razão, o intermédio de procedimento administrativo, no qual jamais o produtor irá financiar ou refinanciar valor maior que a sua capacidade produtiva.

Indiscutível é o propósito do processo administrativo que visa a evitar o ajuizamento de demanda judicial, pois tem como condão normalizar o cadastro de crédito do produtor, antecipar o tempo de recuperação do crédito à instituição financeira, bem como efetuar a devolução do crédito rural, reduzindo ao máximo a onerosidade e buscando a solução da controvérsia sem a utilização do Poder Judiciário.

O processo administrativo estará respaldado nos contratos pactuados, extratos bancários, avaliações de bens, capacidade de pagamento do produtor, entre outros; além da análise contratual segundo entendimentos já pacificados junto ao Superior Tribunal de Justiça, quando necessário, análise que será feita em capítulo próprio.

Importante frisar que o Conselho Nacional de Justiça editou a Resolução nº 125, de 29 de novembro de 2010, que pretende, além de fomentar o acordo judicial, a possibilidade de as partes buscarem a solução do conflito de forma consensual consolidando, assim, uma política permanente de incentivo e aperfeiçoamento dos mecanismos de soluções consensuais de controvérsias.

Além do CNJ, o novo Código de Processo Civil pontua a importância de as partes buscarem a solução do conflito de forma consensual, delegando aos tribunais a criação de centros judiciários de solução consensual de conflitos, sendo responsáveis pela realização de sessões de audiências de conciliação e mediação e pelo desenvolvimento de programas destinados a auxiliar, orientar e estimular a autocomposição.[26]

A forma de aplicação da política de crédito rural pelos agentes financeiros, até este momento, prejudica a continuidade da atividade econômica do produtor, ferindo frontalmente a liberdade econômica, a Constituição Federal e a própria continuidade da atividade produtiva. Marginalizar a categoria ruralista, nominando-os como maus pagadores ou detentores de recursos fáceis, não condiz com a realidade que se impõe.

Em capítulo próprio, será discutido o funcionamento do Projeto de Lei nº 354, que institui o procedimento para recomposição de débitos de crédito rural, além do parecer do relator-senador Fernando Bezerra Coelho na Comissão de Assuntos Econômicos do ano de 2016.

---

[26] Importante aqui mencionar a tônica do Novo Código de Processo Civil que estimula a conciliação ou mediação em seu artigo 165. Neste sentido, NERY JUNIOR, Nelson; NERY, Rosa Maria de Andrade. *Comentários ao Código de Processo Civil*. São Paulo: Revista dos Tribunais, 2015: "O estímulo à conciliação ou mediação, além de incitar as partes a um procedimento menos desgastante e mais rápido do que o processo, visa dar solução à crise da administração da justiça no Brasil. A evolução da doutrina processualista não teve um correspondente aperfeiçoamento judiciário da administração da justiça. [...] O estímulo à conciliação e à mediação são formas eficientes de solução de conflitos, que podem não apenas ajudar na solução da crise de administração da justiça, como também estimular os litigantes a tentar uma solução mais rápida e satisfatória".

2. Os instrumentos de Crédito Rural

Nos desdobramentos do direito do agronegócio, tem especial relevância o tratamento dos instrumentos de crédito rural para a mobilização do crédito ou de capitais. Visando à justiça social e à garantia alimentar, o governo criou os instrumentos de crédito rural para o fomento da atividade agrícola, com taxas de juros subsidiadas, considerando-se um recurso especial.

Estes instrumentos, em sua maioria, possuem em seu corpo contratual cláusulas que definem a origem e o destino dos recursos aplicados para incentivo da atividade agrária, como exemplo, a cláusula de declaração de origem dos recursos, posicionada na cláusula de finalidade de crédito, em que o tomador do recurso declara que tem ciência que os recursos de fomento são exclusivos para o investimento na agricultura.

Com a criação dos instrumentos legais de operacionalização de crédito rural, a tomada de crédito no mercado financeiro, a antecipação de recursos para safra, o sistema de troca de insumo por grãos e a venda futura do grão verde se tornaram mais eficazes facilitando os sistemas de financiamento.

Importante mencionar aqui que atualmente os instrumentos utilizados não embarcam somente atividades bancárias, com pactuação de títulos creditícios, pois existe a possibilidade que cédulas de produto rural se transformem em ativos financeiros para serem negociados no mercado de bolsas e de balcão, a partir do registro em sistemas de liquidação financeira.

Como forma de suprir a demanda por recursos de crédito rural, novas modalidades de financiamentos com fontes alternativas de recursos foram criadas a partir de 1994, com a promulgação da Lei sobre as Cédulas de Produto Rural e mais recentemente a Lei que regulamentou cinco novos títulos de crédito para o financiamento do setor rural brasileiro, aumentando a participação do setor privado no financiamento rural.

Nesse contexto, iniciaremos o estudo deste capítulo especificando a respeito, primeiramente, das cédulas de crédito rural existentes, passando pelas cédulas de produto rural e por fim, comentar brevemente a respeito das cédulas registradas em sistemas de liquidação financeira.

2.1. A Cédula de Crédito Rural

A Lei que criou as Cédulas de Crédito Rural nº 3.253, de 27 de agosto de 1957, trouxe algumas dificuldades, uma vez que não definiu a questão referente à obtenção do crédito, ou seja, quando os contratos de financiamento eram celebrados através de escrituras públicas ou particulares, obedecendo aos critérios do Código Civil.

O Código Civil prima pela autonomia da vontade, consequentemente, para ele o exercício do direito de propriedade é máximo, permitindo que o homem proprietário rural use, goze e disponha de sua terra da forma que lhe for mais conveniente. Porém, com a vigência do novo sistema, a partir de 1965, os proprietários das terras passaram a ter um tratamento diferenciado, com uma análise especial, retirando direitos do proprietário rural para lhe outorgar deveres, sob a égide da conceituação que a terra tem uma função social.

Antes do ano de 1965, esses tipos de instrumentos contavam com extensas cláusulas que submetiam aos financiados encargos bancários que acarretavam, muitas vezes, no desestímulo para a obtenção do crédito, já que primeiramente não contavam com as taxas de juros subsidiadas pelo Estado.

Com a necessidade de simplificar o modo de financiar e a forma de reduzir os encargos, o Governo editou o Decreto-Lei nº 167, de 14 de fevereiro de 1967, dispondo sobre os títulos de crédito rural, revogando a Lei nº 3.253, de 27 de agosto de 1957, que tratava do mesmo assunto, porém de forma não compatível com os avanços introduzidos pela Lei nº 4.829/65.

Vale ressaltar que o título denominado Cédula de Crédito tem como característica a existência de uma garantia, uma segurança especial para o recebimento do crédito, podendo ser real ou fidejussória.[27]

A partir do artigo 9º do referido Decreto-Lei, a cédula de crédito rural exprime uma promessa de pagamento em dinheiro, assegurado ou não por garantia real constituída pela simples firmação do título, por isso a afirmação "cedularmente constituída".

> Art. 9º A cédula de crédito rural é promessa de pagamento em dinheiro, sem ou com garantia real cedularmente constituída, sob as seguintes denominações e modalidades:
> I – Cédula Rural Pignoratícia.
> II – Cédula Rural Hipotecária.
> III – Cédula Rural Pignoratícia e Hipotecária.
> IV – Nota de Crédito Rural.

Caso a garantia seja real, tendo incidência sobre bens físicos, sendo conhecida normalmente pelas figuras do penhor e da hipoteca, a cédula será pignoratícia, hipotecária ou pignoratícia e hipotecária; caso não haja uma garantia real, o título passará a ser chamado de nota de crédito.

Com isso, regularam-se as Cédulas de Crédito Rural que se subdividem em Cédula Rural Pignoratícia ou Hipotecária, Cédula Rural Pignoratícia e Hipotecária e a Nota de Crédito Rural, determinando que lhes sejam aplicáveis, no que forem cabíveis, inclusive quanto a aval, as normas do direito cambial, norma essa regulada pelo artigo 60.

A cédula de crédito rural tem uma natureza de garantia real emprestada, portanto, caso seja o bem gravado objeto de penhor, teremos uma Cédula Rural Pignoratícia, no caso de uma garantia de bem imóvel, temos a Cédula Rural Hipotecária ou na forma de garantias cumulativas. Caso o financiamento seja concedido sem a presença de uma garantia real, somente uma garantia fidejussória,

---

[27] Neste sentido, GONÇALVES, Carlos Roberto. *Direito civil brasileiro* – Direito das Coisas. São Paulo: Saraiva, v. 5, 6 ed, 2011: "A garantia fidejussória ou pessoal é aquela em que terceiro se responsabiliza pela solução da dívida, caso o devedor deixe de cumprir a obrigação. [...]. É uma garantia relativa, por que pode acontecer que o fiador se torne insolvente por ocasião do vencimento da dívida. A garantia real é mais eficaz, visto que vincula determinado bem do devedor ao pagamento da dívida. Em vez de ter-se, como garantia, o patrimônio do devedor, no estado em que se acha ao se iniciar a execução, obtém-se, como garantia, uma coisa, que fica vinculada à satisfação do crédito. E pouco importa, daí por diante, o estado em que se venha encontrar o patrimônio do devedor, uma vez que a coisa está ligada ao cumprimento daquela obrigação".

o título se denomina Nota de Crédito Rural.[28] Veremos a respeito de cada uma das cédulas nos próximos tópicos.

Pela leitura do artigo 10 do Decreto-Lei nº 167/67, temos que a cédula é primeiramente um título civil. Os títulos de crédito rural possuem liquidez, além da certeza e por último da exigibilidade.

Por mais que as cédulas tenham requisitos legais próprios, como veremos adiante a partir da leitura dos artigos mencionados do Decreto-Lei, facultativamente outros requisitos próprios e obrigatórios poderão ser acrescidos, dependendo das peculiaridades do crédito rural, previsto no artigo 77, parágrafo único, bastando para isso que o contrato exija e que as partes convencionem.

> Art. 10. A cédula de crédito rural é título civil, líquido e certo, exigível pela soma dela constante ou do endosso, além dos juros, da comissão de fiscalização, se houver, e demais despesas que o credor fizer para segurança, regularidade e realização de seu direito creditório.
>
> Art. 60. Aplicam-se à cédula de crédito rural, à nota promissória rural e à duplicata rural, no que forem cabíveis, as normas de direito cambial, inclusive quanto a aval, dispensado, porém o protesto para assegurar o direito de regresso contra endossantes e seus avalistas.
>
> Art. 77. As cédulas de crédito rural, a nota promissória rural e a duplicata rural obedecerão aos modelos anexos de números 1 a 6.
>
> Parágrafo único. Sem caráter de requisito essencial, as cédulas de crédito rural poderão conter disposições que resultem das peculiaridades do financiamento rural.

A partir dessa análise, tem-se que levar em conta a finalidade para que foram criados e as peculiaridades que os revestem, visto que eles estão submetidos a certos tipos de operações, como mútuo, abertura de crédito, compra e venda, além do mais, são presos subjetivamente aos que produzem, aqueles pertencentes ao agronegócio, e presos aos que atuam no financiamento rural, leia-se, agentes financeiros ligados ao SNCR, tendo ligação a determinados produtos com natureza rural, compreendendo, logo, agrícolas propriamente ditos, pecuários, extrativos, pesca.

---

[28] Neste sentido, BARRETO, Lauro Muniz. *Financiamento Agrícola e Títulos de Crédito Rural*. São Paulo: Max Limonad, v. 1, 2. ed., 1967: As cédulas são valores (*res*) por isso a posse do título é requisito para se dispor do direito nele incorporado, bem como para se gravar ou caucionar o título. O seu possuidor é possuidor dos bens gravados. A sua posse é necessária para o exercício do direito a ela incorporado. [...]. A cédula é uma promessa de pagamento *sui generis* contendo os requisitos específicos, que o artigo indica, um dos quais é o nome do tomar, que será o primeiro endossante.

Vale ressaltar que tem o financiamento rural uma linha de crédito "especialíssima",[29] portanto tudo que tem relação aos títulos rurais tem seu limite traçado pelo legislador, dentro dos diplomas que lhe permitem, sendo que, caso haja um aumento dos encargos cobrados, por exemplo, sofrerá penalmente sanção imposta segundo ao artigo 44 da Lei nº 4.595, de 31 de dezembro de 1964.

> Art. 44. As infrações aos dispositivos desta lei sujeitam as instituições financeiras, seus diretores, membros de conselhos administrativos, fiscais e semelhantes, e gerentes, às seguintes penalidades, sem prejuízo de outras estabelecidas na legislação vigente:
> I – Advertência.
> II – Multa pecuniária variável.
> III – Suspensão do exercício de cargos.
> IV – Inabilitação temporária ou permanente para o exercício de cargos de direção na administração ou gerência em instituições financeiras.
> V – Cassação da autorização de funcionamento das instituições financeiras públicas, exceto as federais, ou privadas.
> VI – Detenção, nos termos do § 7º, deste artigo.
> VII – Reclusão, nos termos dos artigos 34 e 38, desta lei.

Em relação ao artigo 10, § 1º, notamos que se afasta a possiblidade do credor de exigir, através desse crédito, valores outros que não se enquadram na previsão normativa, tendo como exemplo mais evidente a correção monetária.

> Art. 10, § 1º Se o emitente houver deixado de levantar qualquer parcela do crédito deferido ou tiver feito pagamentos parciais, o credor descenta-los-á da soma declarada na cédula, tornando-se exigível apenas o saldo.

Desta forma, importa vencimento, independente de aviso ou interpelação judicial, a inadimplência de qualquer obrigação convencional ou legal do emitente do título ou, sendo o caso, do terceiro prestante da garantia real. Verificado o inadimplemento, poderá ainda o credor considerar vencidos antecipadamente todos os financiamentos rurais concedidos ao emitente e dos quais seja credor.

A sua alteração poderá ser feita por meio de menções adicionais e de aditivos, datados e assinados pelo emitente e pelo credor, admitindo amortizações periódicas e prorrogação de vencimento.

---

[29] PEREIRA, Lutero de Paiva. *Financiamento e Cédula de Crédito Rural*. Curitiba: Juruá, 2. ed., 1999.

2.2. A Cédula Rural Pignoratícia

Ressalta-se que a Cédula Rural Pignoratícia[30] foi criada pelo legislador como uma garantia real. De acordo com Wellington Pacheco Barros, pignoratícia demonstra que o empréstimo rural teve como garantias bens móveis passíveis de penhor, ou aqueles para os quais a lei estendeu essa conceituação.[31]

Para melhor compreensão, constitui-se o penhor com a efetiva transmissão da posse direta ou tradição, de um bem móvel, das mãos do devedor, ou de terceiro anuente, de quem tem titularidade dominical, para as mãos do credor, ou de quem o represente, com a finalidade de, criando um vínculo real entre o móvel e a dívida do devedor para com o credor, garantir a satisfação do débito.[32]

Portanto, conclui-se que o penhor é utilizado para garantir um débito ou uma dívida. Desta forma, há uma exigência da efetiva transmissão da posse do bem, porém, não tem efeito de transmitir a propriedade, e sim a posse.

Já o penhor rural,[33] que é o do que se trata nesse tópico, constitui-se uma forma especial de penhor, sendo um instrumento de

---

[30] PONTES DE MIRANDA, Francisco Cavalcanti. *Tratado de Direito Privado*. Parte especial. Direitos das coisas: penhor rural. Penhor industrial. Penhor mercantil. Anticrese. Cédulas rurais pignoratícias, hipotecárias e mistas. Transmissões em garantia. Tomo XXI. Atualizado por Nelson Nery Jr. e Luciano de Camargo Penteado. São Paulo: Revista dos Tribunais, 2012, p. 85. "A cédula rural pignoratícia é título incorporante do direito real de penhor. O regime de transferência do titulo de penhor muda. A cédula rural pignoratícia substitui a certidão que era apenas pertença do direito. Qualquer certidão que se dê com data posterior à expedição há de mencionar a expedição da cédula rural pignoratícia e se torna pertença da cédula. O direito de penhor passou a ser direito incorporado, como acontece com as letras hipotecárias".

[31] BARROS, Wellington. *O Contrato e os Títulos de Crédito Rural*. Porto Alegre: Livraria do Advogado, 2000.

[32] NASCIMENTO, Tupinambá Miguel Castro do. *Penhor e Anticrese*. Rio de Janeiro: Aide, 1986.

[33] PONTES DE MIRANDA, op. cit., p. 57. "Penhor rural foi, desde o inicio, o penhor de máquinas e instrumentos e de locomoção (por extensão, de instrumentos de semeadura e de pesagem), colheitas pendentes, ou em via de formação no ano do negócio jurídico, quer resultem de prévia cultura quer de produção espontânea do solo, frutos, lenha e animais de serviço (penhor agrícola) e animais e objetos da indústria pecuária (penhor pecuário). Posteriormente, caracterizou-se a distinção entre ele e o penhor industrial. O penhor rural e o penhor industrial não são hipoteca com outro nome; nem é penhor com outro nome a hipoteca de navios ou de aeronaves. O sistema jurídico brasileiro concebeu-os com os nomes apropriados: o titular do direito de hipoteca sobre navios ou sobre aeronaves não tem qualquer posse, ao passo que o titular do direito de penhor rural ou industrial recebe a posse, pelo constituto possessório. Aquele nada possui; esse é possuidor mediato. Se o dono do bem, que ficou com a posse imediata dá o bem a outrem, em depósito, ou em diferente relação jurídica, mediatiza-se a sua posse. Se, ao constituir o penhor, já o bem se achava em mãos de outrem, como possuidor imediato, a posse com que ele ficou foi a posse mediata. Em tudo isso, é preciso que não se perca de vista o que se expôs sobre o constituto possessório".

fomento da produção agrária, facilitando a captação de créditos no agronegócio.

O Decreto-Lei n° 167/67, em seu artigo 17, atenua o rigor do penhor ao permitir que os bens apenhados continuem na posse imediata do emitente ou de terceiro prestante da garantia real, que responde pela guarda e conservação como fiel depositário, seja pessoa física, seja pessoa jurídica, além disso, o financiado não poderá remover, a não ser com o consentimento prévio do credor, sob pena de responsabilidade civil e criminal, os bens apenhados das propriedades em que estiverem depositados, respeitando o artigo 18 do supramencionado decreto-lei.

> Art. 17. Os bens apenhados continuam na posse imediata do emitente ou do terceiro prestante da garantia real, que responde por sua guarda e conservação como fiel depositário, seja pessoa física ou jurídica. Cuidando-se do penhor constituído por terceiro, o emitente da cédula responderá solidariamente com o empenhador pela guarda e conservação dos bens apenhados.
>
> Art. 18. Antes da liquidação da cédula, não poderão os bens apenhados ser removidos das propriedades nela mencionadas, sob qualquer pretexto e para onde quer que seja, sem prévio consentimento escrito do credor.

Os produtores rurais têm a opção de empenhar bens suscetíveis de penhor rural e de penhor mercantil, em respeito ao artigo 15 do Decreto-Lei n° 167/67, sem serem deles subtraídos temporariamente de seu patrimônio, o que nesse caso seria inconcebível, posto que o agricultor ou pecuarista levantaria um capital necessário à implementação da atividade rural.

Por fim, importante salientar os requisitos da cédula rural pignoratícia, levando em consideração o artigo 14 do Decreto-Lei n° 167/67, quais sejam:

> Art. 14. A cédula rural pignoratícia conterá os seguintes requisitos, lançados no contexto:
>
> I – Denominação "Cédula Rural Pignoratícia".
>
> II – Data e condições de pagamento; havendo prestações periódicas ou prorrogações de vencimento, acrescentar: "nos termos da cláusula Forma de Pagamento abaixo" ou "nos termos da cláusula Ajuste de Prorrogação abaixo".
>
> III – Nome do credor e a cláusula à ordem.
>
> IV – Valor do crédito deferido, lançado em algarismos e por extenso, com indicação da finalidade ruralista a que se destina o financiamento concedido e a forma de sua utilização.
>
> V – Descrição dos bens vinculados em penhor, que se indicarão pela espécie, qualidade, quantidade, marca ou período de produção, se for o caso, além do local ou depósito em que os mesmos bens se encontrarem.

VI – Taxa dos juros a pagar, e da comissão de fiscalização, se houver, e o tempo de seu pagamento.

VII – Praça do pagamento.

VIII – Data e lugar da emissão.

IX – Assinatura do próprio punho do emitente ou de representante com poderes especiais.

§ 1º As cláusulas "Forma de Pagamento" ou "Ajuste de Prorrogação", quando cabíveis, serão incluídas logo após a descrição da garantia, estabelecendo-se, na primeira, os valores e datas das prestações e na segunda, as prorrogações previstas e as condições a que está sujeita sua efetivação.

§ 2º A descrição dos bens vinculados à garantia poderá ser feita em documento à parte, em duas vias, assinadas pelo emitente e autenticadas pelo credor, fazendo-se, na cédula, menção a essa circunstância, logo após a indicação do grau do penhor e de seu valor global.

A modalidade de Cédula Rural Pignoratícia com o penhor rural, no atual sistema de financiamento, representa a modalidade de antecipação de receita do produtor ou da empresa rural, contribuindo para uma maior circulação de riqueza, dando um maior desenvolvimento ao agronegócio.[34]

2.3. A Cédula Rural Hipotecária

Em relação à Cédula Rural Hipotecária, constata-se que possui quase os mesmos requisitos da Pignoratícia; entretanto, a diferença reside exclusivamente na garantia que nela se insere e que lhe dá denominação. Enquanto a garantia Pignoratícia se encontra em bens passíveis de penhor, na Hipotecária a garantia se dá em bens passíveis de hipoteca.

Para melhor compreensão, temos que a hipoteca é uma garantia real imobiliária, que se realiza sem o desapossamento do devedor. Afeta-se um imóvel à garantia de uma obrigação, de tal modo que, da afetação, resulta o direito de preferência, oponível aos demais credores do devedor comum, o direito de sequela, que, no que interessar à eficácia de garantia hipotecária, se opõe a qualquer direito dela ou de outra natureza.[35]

---

[34] Neste sentido, penhor rural "visa facilitar a circulação da riqueza representada pelos frutos, favorecendo assim o crédito agrícola e o desenvolvimento da agricultura, pois permite ao agricultor que o seu trabalho represente capital, ainda antes da colheita". SANTOS, J. M. de Carvalho. *Código Civil Interpretado* – Direito das Coisas. Rio de Janeiro: Freitas Bastos, 12. ed., v. X, 1982.

[35] BESSONE, Darcy. *Direitos Reais*. São Paulo: Saraiva, 1988.

A garantia emprestada a esse título de crédito independe de sua modalidade, seja de custeio, seja de investimento. Nos casos de financiamento, tem como garantia um bem imóvel, rural ou urbano, nos exatos termos do artigo 23 do Decreto-Lei nº 167/67.

Com o advento deste Decreto-Lei, revogando a Lei nº 3.253/57, a constituição hipotecária se permitiu da mesma forma aos imóveis urbanos, facilitando a concessão dos financiamentos rurais àqueles que, explorando a terra sob o regime de arrendamento, encontram óbice para a realização dessa garantia com a concessão do título creditício.

Desta forma, o imóvel deve ser muito bem descrito, de forma mais abrangente possível, não deixando dúvidas sobre sua identidade e a de seu proprietário, respeitando o princípio da especialização e o da publicidade.[36]

Referente aos requisitos impostos pela cédula rural hipotecária elenca-se no artigo 20:

> Art. 20. A cédula rural hipotecária conterá os seguintes requisitos, lançados no contexto:
> I – Denominação "Cédula Rural Hipotecária".
> II – Data e condições de pagamento; havendo prestações periódicas ou prorrogações de vencimento, acrescentar: "nos termos da cláusula Forma de Pagamento abaixa" ou "nos termos da cláusula Ajuste de Prorrogação abaixo".
> III – Nome do credor e a cláusula à ordem.
> IV – Valor do crédito deferido, lançado em algarismos e por extenso, com indicação da finalidade ruralista a que se destina o financiamento concedido e a forma de sua utilização.
> V – Descrição do imóvel hipotecado com indicação do nome, se houver, dimensões, confrontações, benfeitorias, título e data de aquisição e anotações (número, livro e folha) do registro imobiliário.
> VI – Taxa dos juros a pagar e a da comissão de fiscalização, se houver, e tempo de seu pagamento.
> VII – Praça do pagamento.
> VIII – Data e lugar da emissão.
> IX – Assinatura do próprio punho do emitente ou de representante com poderes especiais.
> § 1º Aplicam-se a este artigo as disposições dos §§ 1º e 2º do artigo 14 deste Decreto-lei.

---

[36] Neste sentido, MEIRELLES, Hely Lopes. *Direito Administrativo Brasileiro*. 32. ed. São Paulo: Malheiros, 2006: "Publicidade é a divulgação oficial do ato para conhecimento público e início de seus efeitos externos. Daí por que as leis, atos e contratos administrativos que produzem consequências jurídicas fora dos órgãos que os emitem exigem publicidade para adquirirem validade universal, isto é, perante as partes e terceiros".

§ 2º Se a descrição do imóvel hipotecado se processar em documento à parte, deverão constar também da cédula todas as indicações mencionadas no item V deste artigo, exceto confrontações e benfeitorias.

§ 3º A especificação dos imóveis hipotecados, pela descrição pormenorizada, poderá ser substituída pela anexação à cédula de seus respectivos títulos de propriedade.

§ 4º Nos casos do parágrafo anterior, deverão constar da cédula, além das indicações referidas no § 2º deste artigo, menção expressa à anexação dos títulos de propriedade e a declaração de que eles farão parte integrante da cédula até sua final liquidação.

Quando da constituição hipotecária evidenciarem-se vícios nos quais foram elencados no parágrafo único do artigo 21, ressaltando-se o cometimento de crime, qual seja, o estelionato. Nesse artigo, estabeleceu, ainda, o princípio da integralidade da hipoteca de modo a abranger as construções, terrenos, maquinismos, instalações e benfeitorias nesse título creditício.

Art. 21. São abrangidos pela hipoteca constituída as construções, respectivos terrenos, maquinismos, instalações e benfeitorias.

Parágrafo único. Pratica crime de estelionato e fica sujeito às penas do art. 171 do Código Penal aquele que fizer declarações falsas ou inexatas acerca da área dos imóveis hipotecados, de suas características, instalações e acessórios, da pacificidade de sua posse, ou omitir, na cédula, a declaração de já estarem eles sujeitos a outros ônus ou responsabilidade de qualquer espécie, inclusive fiscais.

Ao fim, registra-se que, a critério da entidade financeira, os bens adquiridos e as culturas custeadas ou formadas por meio do crédito rural hipotecário poderão ser vinculadas ao respectivo instrumento contratual, como uma garantia especial, tendo em vista o artigo 2º do Decreto-Lei nº 784, de 25 de agosto de 1969, que revogou os artigos 16 e 29 do Decreto-Lei nº 167, de 14 de fevereiro de 1967.

Mesmo que a legislação supracitada possibilite a tomada de recurso de crédito rural através de garantia hipotecária, as regras que regulamentam os recursos repassados pelo agente financeiro e, consequentemente, fiscalizados pelo poder público, não comportam tal exigência, sendo meramente um requisito originário de lei imposto pelo banco.

2.4. A Cédula Rural Pignoratícia e Hipotecária

Doutrinadores como Nestor Porto de Oliveira Neto, Wellington Pacheco Barros, entendem essa cédula como um título híbrido, possuidor de uma dupla garantia, já que, além de exigir os mesmos requisitos formais da cédula rural pignoratícia ou hipotecária, tem a necessidade de descrição completa dos bens móveis passíveis de penhor e descrição do imóvel oferecido em hipoteca, respectivamente. Tal afirmação se mostra no artigo 26 do Decreto-Lei n° 167/67.

> Art. 26. Aplica-se à hipoteca e ao penhor constituídos pela cédula rural pignoratícia e hipotecária o disposto nas Seções II e III do Capítulo II deste Decreto-lei.

Importante salientar aqui os requisitos formais caracterizadores desta cédula, prescritos no artigo 25 do Decreto-Lei acima citado:

> Art. 25. A cédula rural pignoratícia e hipotecária conterá os seguintes requisitos, lançados no contexto:
>
> I – Denominação "Cédula Rural Pignoratícia e Hipotecária".
>
> II – Data e condições de pagamento havendo prestações periódicas ou prorrogações de vencimento, acrescentar: "nos termos da cláusula Forma de Pagamento abaixo" ou "nos termos da cláusula Ajuste de Prorrogação abaixo".
>
> III – Nome do credor e a cláusula à ordem.
>
> IV – Valor do crédito deferido, lançado em algarismos e por extenso, com indicação da finalidade ruralista a que se destina o financiamento concedido e a forma de sua utilização.
>
> V – Descrição dos bens vinculados em penhor, os quais se indicarão pela espécie, qualidade, quantidade, marca ou período de produção se for o caso, além do local ou depósito dos mesmos bens.
>
> VI – Descrição do imóvel hipotecado com indicação do nome, se houver, dimensões, confrontações, benfeitorias, título e data de aquisição e anotações (número, livro e folha) do registro imobiliário.
>
> VII – Taxa dos juros a pagar e da comissão de fiscalização, se houver, e tempo de seu pagamento.
>
> VIII – Praça do pagamento.
>
> IX – Data e lugar da emissão.
>
> X – Assinatura do próprio punho do emitente ou de representante com poderes especiais.

2.5. A Nota de Crédito Rural

Como explicitado, a Nota de Crédito Rural não tem uma garantia real vinculada a ela, tendo somente uma garantia fidejussória, sendo aquela prestada por pessoas, e não por bens.

Evidente é a necessidade de esclarecer o motivo pelo qual o legislador preferiu chamar tal título como nota de crédito, e não simplesmente como cédula de crédito como os títulos anteriores. A diferença se baseia na garantia, que não é real, e tendo como objetivo a concessão de financiamentos rurais mais ágeis, facilitando o recebimento do título àqueles que trabalham com o agronegócio.

O artigo 27 do Decreto-Lei nº 167/67 legisla os requisitos da nota de crédito rural:

> Art. 27. A nota de crédito rural conterá os seguintes requisitos, lançandos no contexto:
> I – Denominação "Nota de Crédito Rural".
> II – Data e condições de pagamento; havendo prestações periódicas ou prorrogações de vencimento, acrescentar: "nos termos da cláusula Forma de Pagamento abaixo" ou "nos termos da cláusula Ajuste de Prorrogação abaixo".
> III – Nome do credor e a cláusula à ordem.
> IV – Valor do crédito deferido, lançado em algarismos e por extenso, com indicação da finalidade ruralista a que se destina o financiamento concedido e a forma de sua utilização.
> V – Taxa dos juros a pagar e da comissão de fiscalização se houver, e tempo de seu pagamento.
> VI – Praça do pagamento.
> VII – Data e lugar da emissão.
> VIII – Assinatura do próprio punho do emitente ou de representante com poderes especiais.

Por fim, indispensável asseverar que o critério de reembolso da nota de crédito rural é o mesmo adotado para os demais empréstimos rurais, ou seja, é estabelecido de acordo com o prazo ajustado entre o tomador e o agente financeiro, observando, no entanto, a capacidade de pagamento em razão do ciclo da atividade financiada.

2.6. A Cédula de Produto Rural

Com intuito de proporcionar mais uma forma de estimular o desenvolvimento da agricultura, adaptando-se às grandes transformações e invenções tecnológicas pelos quais passamos desde 1964, a Lei nº 8.929, de 22 de agosto de 1994, trouxe ao mundo jurídico a Cédula de Produto Rural, podendo ser considerada o instrumento base de toda a atual cadeia estrutural do financiamento do agronegócio. A CPR "tornou-se um instrumento do direito do desenvolvimento, exercendo a função de facilitar tanto a comercialização como o financiamento dos produtos rurais".[37] Com essa nova siste-

---

[37] WALD, Arnoldo. Da desnecessidade de pagamento prévio para caracterização da Cédula do Produto Rural. Rio de Janeiro: *Revista Forense*, n. 374, jul./ago. 2004.

mática, o governo buscou atrair ainda mais o capital privado para o financiamento do agronegócio.

Por não se destinar diretamente ao financiamento rural, ela é classificada como título de crédito rural assemelhado pelos melhores doutrinadores. Seu conceito legal está referido no artigo primeiro da lei que a instituiu no Brasil, além dos seus requisitos necessários, dispostos no artigo 3º da referida lei, deixando claro que sua estrutura formal não é posta de lado pela autonomia da vontade das partes.[38]

A CPR, de acordo com a lei que a instituiu, é definida como título de crédito, líquido e certo, representativo de promessa de entrega de produtos rurais, de emissão exclusiva dos produtores rurais, suas associações e cooperativas, criada com o principal objetivo de ser o instrumento básico de toda a cadeia produtiva e estrutural do agronegócio.[39]

> Art. 1º Fica instituída a Cédula de Produto Rural (CPR), representativa de promessa de entrega de produtos rurais, com ou sem garantia cedularmente constituída.
>
> Art. 3º A CPR conterá os seguintes requisitos, lançados em seu contexto:
>
> I – denominação "Cédula de Produto Rural";
>
> II – data da entrega;
>
> III – nome do credor e cláusula à ordem;
>
> IV – promessa pura e simples de entregar o produto, sua indicação e as especificações de qualidade e quantidade;
>
> V – local e condições da entrega;
>
> VI – descrição dos bens cedularmente vinculados em garantia;

---

[38] Neste sentido, BECKER, Anelise. *Teoria geral da lesão nos contratos*. São Paulo: Saraiva, 2000: "A razão fundamental para que o ordenamento jurídico reconheça a autonomia negocial é a suposição de que uma regulamentação independente e autônoma de seus interesses é a melhor solução: o contrato legalmente formado é visto como um fato em si benéfico, na medida em que, por seu particular modo de formação, permite realizar operações que são úteis em si mesmas, mas que nem por isso prescindem de ser conformes ao interesse geral e à justiça. (...) A vontade é apenas um fator entre tantos outros. Não pode servir como explicação única, nem mesmo principal, para as disposições relativas ao contrato, e menos ainda para a sua força obrigatória. Embora o consentimento, o acordo de vontades, permaneça como o procedimento necessário e específico da sua formação, não é a vontade das partes que justifica, de modo autônomo, a sua força obrigatória."

[39] Neste sentido: FRONTINI, Paulo Salvador. Cédula de Produto Rural – CPR – Novo título circulatório (Lei 8.929/1994). São Paulo: *Revista do Direito Mercantil, Econômico e Financeiro*, ano 99, p. 121-1122, jul./set. 1995. "Parece-nos, em princípio, que esse novo documento circulatório, eis que dotado de cláusula 'à ordem', e pela própria lei identificada como título líquido e certo, constitui nova espécie do gênero conhecido como títulos representativos de mercadorias. [...] Assim, na verdade, a cédula de produto rural – CPR – é título representativo da promessa de entregar, em data futura (ou seja, no vencimento da cártula) o produto rural indicado, na quantidade e qualidade especificados".

VII – data e lugar da emissão;
VIII – assinatura do emitente.

Por elencar requisitos necessários, deverão estes ser verdadeiros, não podendo o produtor rural, de seu modo, proferir declarações falsas ou inexatas acerca dos bens oferecidos em garantia, bem como outras informações que poderiam inviabilizar o negócio, sob pena de estar praticando o crime de estelionato, de acordo com o artigo 17 da referida lei:

> Art. 17. Pratica crime de estelionato aquele que fizer declarações falsas ou inexatas acerca de bens oferecidos em garantia da CPR, inclusive omitir declaração de já estarem eles sujeitos a outros ônus ou responsabilidade de qualquer espécie, até mesmo de natureza fiscal.

Diferentemente dos títulos anteriormente estudados, cujo principal objeto é o pagamento de uma quantia determinada em dinheiro, resultante de um contrato em que o dinheiro foi a causa do empréstimo ou representativo de uma venda de produtos agrícolas, a cédula de produto rural inverte a sistemática, colocando o produto rural como seu objeto de cumprimento em decorrência a um pagamento antecipado, mediante prefixação do preço do produto.

Em resumo, é um título de crédito rural em que o emitente vende previamente certa quantidade de produtos recebendo o valor pactuado ou mesmo determinada quantia de insumos no ato da venda, tendo, em contrapartida, a necessidade de empenhar-se para entregar esses produtos na data aprazada (safra), qualidade, quantidade e no local acordado ou reaver pecuniariamente à empresa fornecedora dos insumos.

Da mesma forma que as cédulas de crédito rural, a CPR também admite a hipoteca e o penhor como formas de garantia, além da alienação fiduciária, elencadas no artigo 5º, sendo que essas garantias devem estar registradas em cartório para serem eficazes contra terceiros.

> Art. 5º A garantia cedular da obrigação poderá consistir em:
> I – hipoteca;
> II – penhor;
> III – alienação fiduciária.

Entre as particularidades encontradas nas CPRs, convém ressaltar que o adimplemento parcial da obrigação de entregar produto rural não descaracteriza o grau de liquidez, de certeza e de exigibilidade do título de crédito, devendo este ser anotado de forma sucessiva ao verso da Cédula, acarretando, portanto, apenas na exigibilidade do saldo.

> Art. 4º A CPR é título líquido e certo, exigível pela quantidade e qualidade de produto nela previsto.
>
> Parágrafo único. O cumprimento parcial da obrigação de entrega será anotado, sucessivamente, no verso da cédula, tornando-se exigível apenas o saldo.

Além disso, esse título contém uma natureza cambiária. O endosso é instituto típico de direito cambial, mas tem aplicação na CPR pelo comando do artigo 10 da Lei nº 8.929/94, porém com ressalvas, como no fato de que o endosso somente pode ser completo, caracterizando-se pela menção da pessoa em favor do qual esse endosso é realizado. Ainda, os endossantes não respondem pela entrega do produto ou pela sua liquidação financeira, somente pela existência da obrigação consubstanciada pela CPR.

> Art. 10. Aplicam-se à CPR, no que forem cabíveis, as normas de direito cambial, com as seguintes modificações:
>
> I – os endossos devem ser completos;
>
> II – os endossantes não respondem pela entrega do produto, mas, tão-somente, pela existência da obrigação;
>
> III – é dispensado o protesto cambial para assegurar o direito de regresso contra avalistas.

Referente à possibilidade de inadimplência, em caso de descumprimento das obrigações, a cédula de produto rural pode ser considerada vencida, devendo o credor ter comprovação expressa de inexistência do depósito do produto agrícola objeto da CPR.

A CPR foi instituída com intuito de facilitar a antecipação de recursos financeiros mediante a promessa de entrega de produto futuro, com preço pré-ajustado. A lei estabelece de forma diferenciada para tal instrumento, no caso de inadimplemento, a busca por meio de tutela cautelar, provisória de urgência, dos bens objeto da garantia ou a execução da entrega da coisa.

Como instrumento moderno de comercialização, tanto pela segurança jurídica, definida no dispositivo legal, quanto pela eficiência nas operações de crédito rural, passou a representar, de forma expressiva, parte da venda futura de grãos e de semoventes.[40]

---

[40] Neste sentido, veja: WALD, Arnoldo. Da desnecessidade de pagamento prévio para caracterização da Cédula de Produtor Rural. Rio de Janeiro: *Revista Forense*, v. 374/3, jul./ago. 2004. "Assim, a CPR tornou-se um instrumento do direito do desenvolvimento, exercendo a sua função de facilitar tanto a comercialização como o financiamento dos produtos rurais, podendo ser usada ampla e irrestritamente pelos agentes econômicos. Consequentemente, não cabe restrição ao seu uso pelo Poder Judiciário, que não pode descaracterizar o título em virtude

A cédula de produto rural também admite anexo de aditivo para liquidação financeira quando estipulados entre emitente e credor. Tanto a CPR como seus aditivos poderão ser devidamente registradas no Registro Imobiliário para garantia de preferência do penhor pignoratício atendendo, com isso, ao exigido pelo princípio da publicidade.

Tal execução difere ao tratarmos de Cédula de Produto Rural Financeira, o que passaremos a ver no tópico seguir, mas antes, seguem abaixo os artigos que iludem o que agora foi exposto:

> Art. 14. A CPR poderá ser considerada vencida na hipótese de inadimplemento de qualquer das obrigações do emitente.
>
> Art. 15. Para cobrança da CPR, cabe a ação de execução para entrega de coisa incerta.

Por último, vale ressaltar que esse título de crédito, de acordo com o artigo 19 da lei mencionada, pode ser negociado em mercado de bolsas e de balcão. No entanto, a CPR passará a ser considerada não mais como um título de crédito, e sim como um ativo financeiro.

É condição indispensável para esse fim o registro da CPR em sistema de registro e liquidação financeira, administrada por entidades autorizadas pelo BACEN, quais sejam, BM&FBovespa e CETIP. A CPR negociada na BM&F carece de um registro, que é feito no Sistema de Registros de Títulos do Agronegócio (RTA) que é negociado em mercado de balcão. Mesmo procedimento é exigido na Cetip, cujo registro é feito nos Módulos e Serviços integrantes do sistema Cetipnet.

A título de curiosidade, no ano de 2016 houve a criação de uma proposta de combinação entre as instituições supramencionadas,[41] o que acabará por facilitar mais ainda a inclusão do agronegócio no mercado financeiro tanto em nível nacional, quanto global.

> Art. 19. A CPR poderá ser negociada nos mercados de bolsas e de balcão.
>
> § 1º O registro da CPR em sistema de registro e de liquidação financeira, administrado por entidade autorizada pelo Banco Central do Brasil, é condição indispensável para a negociação referida neste artigo.

---

de eventuais discussões de legitimidade de cláusulas contratuais admitidas na prática e que não ferem a ordem pública".

[41] Para maiores informações, consultar: CETIP. *Proposta de Combinação da BMF&BOVESPA e Cetip*. Disponível em: <http://ri.cetip.com.br/conteudo_pt.asp?idioma=0&conta=28&tipo=60014>. Acesso em: 31 out. 2016.

§ 2º Nas ocorrências da negociação referida neste artigo, a CPR será considerada ativo financeiro e não haverá incidência do imposto sobre operações de crédito, câmbio e seguro, ou relativas a títulos ou valores mobiliários.

§ 3º A CPR registrada em sistema de registro e de liquidação financeira de ativos autorizado pelo Banco Central do Brasil terá as seguintes características: (Incluído pela Lei nº 11.076, de 2004)

I – será cartular antes do seu registro e após a sua baixa e escritural ou eletrônica enquanto permanecer registrada em sistema de registro e de liquidação financeira; (Incluído pela Lei nº 11.076, de 2004)

II – os negócios ocorridos durante o período em que a CPR estiver registrada em sistema de registro e de liquidação financeira não serão transcritos no verso dos títulos; (Incluído pela Lei nº 11.076, de 2004)

III – a entidade registradora é responsável pela manutenção do registro da cadeia de negócios ocorridos no período em que os títulos estiverem registrados. (Incluído pela Lei nº 11.076, de 2004)

§ 4º Na hipótese de contar com garantia de instituição financeira ou seguradora, a CPR poderá ser emitida em favor do garantidor, devendo o emitente entregá-la a este, por meio de endosso-mandato com poderes para negociá-la, custodiá-la, registrá-la em sistema de registro e liquidação financeira de ativos autorizado pelo Banco Central do Brasil e endossá-la ao credor informado pelo sistema de registro. (Incluído pela Lei nº 11.076, de 2004)

2.7. A Cédula de Produto Rural Financeira e outros títulos

Nessa modalidade, não se prevê a entrega física do produto, e sim, apenas a liquidação com o pagamento, no vencimento, do valor correspondente à multiplicação da quantidade especificada do produto pelo preço ou índice de preços adotado no título.

A Cédula de Produto Rural Financeira foi acrescentada na Lei nº 8.929/94 com seu artigo 4º-A pela Lei nº 10.200, de 14 de fevereiro de 2001, tratando-se de um título representativo de obrigação em dinheiro cujo índice de apuração do débito é o valor do produto discriminado na cédula.

Art. 4º-A. Fica permitida a liquidação financeira da CPR de que trata esta Lei, desde que observadas as seguintes condições:

I – que seja explicitado, em seu corpo, os referenciais necessários à clara identificação do preço ou do índice de preços a ser utilizado no resgate do título, a instituição responsável por sua apuração ou divulgação, a praça ou o mercado de formação do preço e o nome do índice;

II – que os indicadores de preço de que trata o inciso anterior sejam apurados por instituições idôneas e de credibilidade junto às partes contratantes, tenham divulgação periódica, preferencialmente diária, e ampla divulgação ou facilidade de acesso, de forma a estarem facilmente disponíveis para as partes contratantes;

III – que seja caracterizada por seu nome, seguido da expressão "financeira".

§ 1º A CPR com liquidação financeira é um título líquido e certo, exigível, na data de seu vencimento, pelo resultado da multiplicação do preço, apurado segundo os critérios previstos neste artigo, pela quantidade do produto especificado.

§ 2º Para cobrança da CPR com liquidação financeira, cabe ação de execução por quantia certa.

Esse título creditício, assim como os outros, é empregado quando o emitente recebe recursos no ato da sua emissão, porém prescinde de liquidação financeira. Quando esta cédula vencer, no lugar de ocorrer a tradição da mercadoria ao credor, o emitente liquida a cédula pelo preço do produto já pré-ajustado. Neste caso, teremos o produto como garantia da operação financeira.

Como dito anteriormente, a diferença entre as CPRs e as CPRFs está quando, em caso de inadimplência do emitente, o credor, para satisfação do crédito, promove uma execução para pagamento de quantia certa, respeitando o § 2º do artigo 4º-A da Lei nº 8.929/94, uma vez que ele busca o valor pecuniário exato indicado da cédula, e não o produto pela sua quantidade e qualidade.

Outra garantia existente é a chamada Cédula de Produto Rural Hipotecária. Há uma elucidação a respeito desse título nos artigos 6º e 12 da lei supramencionada, além do fato de que a hipoteca, como garantia da CPR, tem de ser averbada na matrícula do Cartório de Registro de Imóveis da situação do imóvel hipotecado.

Art. 6º Podem ser objeto de hipoteca cedular imóveis rurais e urbanos.

Parágrafo único. Aplicam-se à hipoteca cedular os preceitos da legislação sobre hipoteca, no que não colidirem com esta lei.

Art. 12. A CPR, para ter eficácia contra terceiros, inscreve-se no Cartório de Registro de Imóveis do domicílio do emitente.

§ 1º Em caso de hipoteca e penhor, a CPR deverá também ser averbada na matrícula do imóvel hipotecado e no Cartório de localização dos bens apenhados.

§ 2º A inscrição ou averbação da CPR ou dos respectivos aditivos serão efetuadas no prazo de três dias úteis, a contar da apresentação do título, sob pena de responsabilidade funcional do oficial encarregado de promover os atos necessários.

§ 3º Para efeito de registro em cartório, a cobrança de emolumentos e custas das CPR será regida de acordo com as normas aplicáveis à Cédula de Crédito Rural.

Pela Lei nº 10.200/01, foi adicionado ao artigo 12 o § 3º, explicitando que, para efeitos de registro de cartório, a cobrança de emolumentos e custas das CPRs será regida de acordo com as normas aplicáveis à Cédula de Crédito Rural.

Além disso, na mesma lei, ficou autorizada a equalização de taxas de juros de financiamentos concedidos pelo Banco Nacional de Desenvolvimento Econômico e Social (BNDES) para modernização da frota de tratores agrícolas e implementos associados, colheitadeiras e aquisição de equipamentos para preparo, secagem e beneficiamento de café, na forma da regulamentação baixada pelo Poder Executivo, em respeito ao § 4º do artigo 12 da referida norma.

No final do ano de 2004, o Governo Federal criou novos títulos de crédito do agronegócio, pela Lei nº 11.076/04, instituindo um novo padrão de alavancagem de recursos para o setor. Completam-se, desta forma, as opções de instrumentos financeiros à disposição do agronegócio que, até então, limitavam-se às operações com a CPR e os demais produtos típicos de crédito rural.

Trata-se dos títulos representativos de mercadoria, Certificado de Depósito Agropecuário (CDA) e Warrant Agropecuário (WA), bem como os títulos financeiros, Certificado de Direitos Creditórios do Agronegócio (CDCA), Letra de Crédito do Agronegócio (LCA) e o Certificado de Recebíveis do Agronegócio (CRA).

Com a inclusão desses novos títulos, aumenta e diversifica-se o rol de opções de financiamento do agronegócio, seja com relação à variedade de papéis, seja com relação à amplitude dos agentes que podem atuar como formadores de fontes de recursos.[42] Observa-se, com isso, a crescente importância dos títulos de crédito rural ao fomento do agronegócio e, como forma de melhor compreensão desse sistema, importante o entendimento dos órgãos que integram o Sistema Nacional de Crédito Rural, tema exposto no capítulo seguinte.

---

[42] Neste sentido, PIMENTEL, Fernando Lobo. Evolução dos instrumentos do crédito para o agronegócio brasileiro. In: BURANELLO, Renato; et al. (Coord.). *Direito do Agronegócio*: Mercado, Regulação, Tributação e Meio Ambiente. São Paulo: Quartier Latin, v. 2, 2013: "Em suma, observamos um ciclo virtuoso: aumento da disponibilidade de crédito controlado (via SNCR), aumento das emissões de títulos privados de financiamento, aumento dos mecanismos de crédito nas operações comerciais (fornecedores de insumo), maior participação das cooperativas de crédito e maior interesse por parte de bancos privados em viabilizar o crédito rural. E esse cenário torna-se positivo para os produtores, já que apresenta um leque maior de alternativas de financiamento. Além disso, com uma maior competição dos insumos genéricos, há uma tendência de queda nos custos de produção, o que irá se somar à redução gradual nas taxas de financiamento pagas pelo produtor".

3. Os órgãos integrantes do Sistema Nacional do Crédito Rural e suas garantias

O SNCR foi criado com o intuito de regulamentar a distribuição de crédito rural, sendo seu principal objetivo o de assegurar a garantia alimentar. Além disso, os sistemas de subsídio da agricultura são decorrentes de políticas agrícolas em todo o mundo, uma vez que a agricultura depende de fatores extrínsecos para o seu desenvolvimento, bem como precisa assegurar um volume de produção alimentar anual suficiente para a satisfação humana e animal.

Segundo a Organização das Nações Unidas, o crescimento da população mundial acarretará em mais de 9 bilhões de pessoas em 2050,[43] sendo imprescindível que os sistemas de fomento à agricultura obtenham políticas ágeis e modernas, que são consolidadas por maior investimento em tecnologia de grãos, químicos e equipamentos, aumentando, assim, a produtividade. Porém, como mencionado na Introdução, o Brasil segue em frente em relação aos demais países produtores, já que possui um potencial de continuar qualificando sua produtividade, além de poder utilizar áreas ainda não agricultadas.

Neste entendimento, sendo o país com uma expectativa de maior capacidade de produção agrícola mundial com promessa de maior produtividade, crucial a intervenção do poder público mediante a criação de órgãos como os descritos abaixo, como mecanismo de política agrícola.

O sistema financeiro atual, giza-se, instituições financeiras ou mero repassadores de recursos com taxas subsidiadas deixam, frequentemente, de aplicar as regras expostas neste estudo, com intuito

---

[43] ONU. *Population Division*: World Urbanization Prospects, the 2015 Revision. Disponível em: <https://esa.un.org/unpd/wpp/>. Acesso em: 25 out. 2016.

de autobeneficiar-se dos recursos destinados à agricultura, senão fosse desta forma, não teríamos as problemáticas que envolvem as chamadas "vendas casadas" ou operações "mata-mata". O passivo bilionário cuja rubrica é dada à agricultura possui, em seu núcleo, mais exigências das instituições financeiras do que propriamente as regras que regulam os recursos repassados aos produtores, originários de política de crédito rural.

3.1. O Sistema Nacional de Crédito Rural

Retomaremos, nesse ponto, a particularidade que o agronegócio possui. Ele se apoia em incertezas e riscos, podendo o seu desempenho ser comprometido. Essa instabilidade pode ser vista, entre outros pontos, em: risco de produção ou técnico, decorrentes de problemas climáticos e sanitários; riscos associados ao comportamento dos preços; risco tecnológico, decorrentes da realização de investimentos.[44]

Fica claro, desta forma, que as peculiaridades do agronegócio podem afetar significativamente a rentabilidade do produtor e a viabilidade dos empreendimentos rurais, tornando necessária a ação do governo. Uma das Políticas Agrícolas brasileiras é a oferta de crédito a taxas subsidiadas aos produtores rurais, sendo um dos serviços essenciais para apoiar o desenvolvimento da produção agropecuária desde o seu lançamento.[45]

A consolidação de uma política efetiva de crédito especial para a agricultura ocorreu em 1965 quando foi instituído pela Lei nº 4.829/65 o Sistema Nacional de Crédito Rural, definindo suas diretrizes básicas; as fontes de recursos e suas origens; a competência do Conselho Monetário Nacional e do Banco Central do Brasil; as finalidades, os objetivos e as modalidades do crédito rural; os beneficiários e as garantias concedidas aos financiamentos.

A elaboração desta Lei se deu em razão da necessidade de uma política pública específica voltada ao desenvolvimento e proteção

---

[44] CARVALHO, Maria Auxiliadora de. *Estabilização dos preços agrícolas no Brasil*: a política de garantia de preços mínimos. São Paulo: IEA, 1994.

[45] Neste sentido, BUAINAIN, Antonio Marcio, et al. *Alternativas de financiamento agropecuário*: experiências no Brasil e na América Latina. Brasília: Instituto Interamericano de Cooperação para a Agricultura, 2007. "Os agricultores enfrentam, mais do que os empreendedores de outros setores, dificuldades especiais para capitalizar-se com recursos próprios e, por isso, dependem da disponibilidade de crédito, em quantidade e condições adequadas, para financiar os investimentos e a produção corrente".

da produção rural do país, tendo em vista, segundo dispõe seu artigo 1º, o bem-estar do povo.[46] Além disso, a criação do SNCR justificou-se, sobretudo, pela forte expansão das taxas de inflação durante as décadas de 1950 e 1960 e pelo efeito do modelo de industrialização adotado pelo Brasil sobre a agropecuária, que culminou com a crise de abastecimento de 1962.[47]

Desta forma que o governo iniciou, em 1965, um grande processo de modernização agropecuária que contou com a criação, além do SNCR, com a reformulação da Política de Garantia de Preços Mínimos (PGPM), ampliando os investimentos em pesquisa e extensão rural.[48]

Com isso, percebemos a importância da implementação desse sistema em âmbito nacional, sendo um mecanismo de compensação do setor rural, estabelecido fundamentalmente para o estímulo da produção e controle inflacionário.

A Lei que institui o SNCR legislou os objetivos do sistema, quais sejam, distribuir e aplicar o crédito rural em conformidade com a política de desenvolvimento da produção agropecuária brasileira e almejar o bem-estar da população.

Atualizado pela Circular do BACEN nº 1.536/89, o Sistema Nacional de Crédito Rural passou a ter por finalidade a condução

---

[46] Neste sentido, PEREIRA, Lutero de Paiva. *Financiamento Rural*. Coleção direito bancário, v. 04. Curitiba: Juruá, 2006: "Quando foi institucionalizado pela Lei 4.829/65, já no seu art. 1º o legislador se preocupou em determinar o caráter fomentista do crédito rural, bem assim o seu alcance social, pois sua aplicação levará em conta o desenvolvimento da produção rural do País, e isto visando o bem-estar do povo. (...). Desta forma, financiadores e tomadores de crédito rural, por se envolverem com recursos que têm aplicação voltada ao interesse socioeconômico do País, quando contratam operações da espécie, não podem fazê-lo senão sob estreita observância das regras especialmente traçadas para sua condução".

[47] Neste sentido, MATTEI, Lauro; SANTOS JÚNIOR, José Aldoril. Industrialização e substituição de importações no Brasil e na Argentina: uma análise histórica comparada. Paraná: *Revista de Economia*, v. 35, p. 93-115, jan./abr. 2009: "Houve, em meados dos anos 60, o modelo de industrialização via substituição de importações, por sobrevalorizar o câmbio e dificultar a importação de insumos, foi extremamente prejudicial à agricultura brasileira, impedindo, por muitos anos, a diversificação e expansão das exportações, aumentando a dependência do café, adiando a implantação de um parque agroindustrial no país, gerando, no início dessa década, uma grande crise de alimentos.".

[48] Neste sentido, COELHO, Carlos Nayro. 70 anos da política agrícola no Brasil. Brasília: *Revista da Política Agrícola*, ano x, n. 3, jul./set. 2001. "A reforma do crédito rural no Brasil em 1965 (logo após a criação do Banco Central), com a criação do SNCR, surgiu como parte da política de colocar o orçamento fiscal da União como fonte de recursos oficiais para o crédito e criar alternativas não inflacionárias de financiamentos (via depósitos à vista), com a inclusão dos bancos privados no sistema, fechando assim a torneira de emissões automáticas da CARED. As mudanças introduzidas no mercado financeiro e de capitais tiveram o objetivo de criar uma nova estrutura na formulação e implementação da política monetária e financeira, criar novos instrumentos e novos agentes na intermediação financeira com faixas de atuação específicas, taxas de juros reais positivas nas operações ativas e passivas do sistema financeiro".

dos financiamentos rurais, sob as diretrizes da política formulada pelo Conselho Monetário Nacional, em consonância com a política de desenvolvimento do setor rural.

O SNCR tinha como posição inicial a especificação de alguns agentes financeiros como seus integrantes, observado no artigo 7º da Lei nº 4.829/65 e no artigo 8º do Decreto nº 58.380/66. O legislador, através do artigo 48 da Lei nº 8.171/92, revogou a nominata dos integrantes do sistema para afirmar que "o crédito rural, instrumento de financiamento da atividade rural, será suprido por todos os agentes financeiros sem discriminação entre eles, mediante aplicação compulsória, recursos próprios livres, dotações das operações oficiais de crédito, fundos e quaisquer outros recursos".

Fica claro que a partir desta ideia de que "todos os agentes financeiros sem discriminação entre eles" compõem o sistema de financiamento à produção rural é dado um espaço maior para outras instituições financeiras, além daquelas que estavam desde o início envolvidas com o crédito, como por exemplo, o Banco do Brasil. Porém, em certa medida, de início não foi tão positiva a ideia dessa maior integração.[49]

Vale ressaltar que as operações realizadas no âmbito do SNCR têm finalidades definidas e restritas às atividades rurais independentemente da possibilidade de obtenção de menor risco e melhor remuneração em outras atividades. Ainda, o crédito rural não é uma mera atividade bancária, mas sim um sistema todo articulado de financiamento à atividade econômica especial, com controle institucional não só desde a origem, mas também na forma e nas condições das operações.

Como consequência do estabelecimento do SNCR, mostrou-se que ele supriu a necessidade de normatização então existente para que houvesse um ambiente econômico compatível com as peculiaridades do setor rural, visando, essencialmente, ao aumento de recursos disponibilizados ao setor rural e à incorporação de novos integrantes, principalmente os bancos privados, no provimento de tais recursos. Ainda, propiciou ao setor rural melhores condições de financiamento, comparativamente ao disponível no mercado finan-

---

[49] WILDMANN, Igor Pantuzza. *Crédito Rural*: teoria, prática, legislação e jurisprudência. Belo Horizonte: Del Rey, 2001. "A atuação conjunta de agentes públicos e privados culminou, por um lado, na desoneração do Governo Federal de instalar e manter infraestrutura adequada para conceder crédito rural, gerando economia de recursos públicos, e por outro, em abusos e ilegalidades das instituições financeiras integrantes do Sistema, devido à falta de conhecimento do funcionamento do crédito rural".

ceiro, com acesso ao crédito, prazos e taxas de juros mais condizentes com a realidade do setor.

O Sistema Nacional de Crédito Rural é sistema único, que vincula produtores rurais e suas cooperativas, instituições financiadoras e o próprio Estado, que possui como prerrogativa o fomento do setor agropecuário. Por essa razão, não são as instituições financeiras que determinam as normas contratuais, nem sobre elas há uma livre estipulação de vontades e prerrogativas inerentes aos demais contratos de crédito.

O sentido da criação de todo o Sistema é fortalecer a agricultura brasileira, e, via de consequência, a própria sociedade. Este é o norte que deve servir como o princípio que rege as operações que dele se desdobram.

Tendo em mente isso, as normas do CMN, órgão isento e conhecedor das conjunturas políticas, devem sempre prevalecer sobre interesses de qualquer uma das partes, ainda que contratos desta natureza estabeleçam o contrário.

3.2. O Conselho Monetário Nacional e o Sistema Nacional Financeiro

Em 31 de dezembro de 1964, foi sancionada a Lei nº 4.595, que dispôs sobre a política e as instituições monetárias, bancárias e creditícias, criando o Conselho Monetário Nacional e o Banco Central do Brasil, além de constituir normas e procedimentos a serem observados pelos integrantes do sistema financeiro, sendo efetivamente instituído em 31 de março de 1965.

O artigo 4º da Lei nº 4.829/65 outorgou poderes ao CMN, órgão criado por lei com atribuições para sistematizar a ordem monetária nacional, "para fixar as diretrizes do crédito agrário", especialmente na avaliação, origem, dotação dos recursos a serem aplicados, na expedição de diretrizes e instruções, critérios seletivos e de prioridade e fixação e ampliação de programas.

Atentando-se para as competências e prerrogativas do CMN, será possível aferir que em vários aspectos e situações será o órgão responsável pela regulamentação ou fiscalização de matéria financeira.[50] No tópico a respeito da vinculatividade das resoluções do

---

[50] Neste sentido, ver: WALD, Arnoldo. Uma nova visão das instituições financeiras. São Paulo: *Revista de Direito Bancário e do Mercado de Capitais*, v. 50, p. 21-29, out./dez. 2010. "A relação

BACEN e das circulares do CMN, traremos à tona mais informações a respeito desta afirmativa.

Ao CMN, coube disciplinar o crédito rural e estabelecer as normas operacionais, com atribuições para sistematizar a ordem monetária nacional, além de fixar as diretrizes do crédito agrário, especialmente na avaliação, origem e dotação dos recursos a serem aplicados, na expedição de diretrizes e instruções, critérios seletivos e de prioridade, fixação e ampliação dos programas. Na Lei nº 4.829/65, encontramos suas especificações:

> Art. 4º O Conselho Monetário Nacional, de acordo com as atribuições estabelecidas na Lei nº 4.595, de 31 de dezembro de 1964, disciplinará o crédito rural do País e estabelecerá, com exclusividade, normas operativas traduzidas nos seguintes tópicos:
>
> I – avaliação, origem e dotação dos recursos a serem aplicados no crédito rural;
>
> II – diretrizes e instruções relacionadas com a aplicação e controle do crédito rural;
>
> III – critérios seletivos e de prioridade para a distribuição do crédito rural;
>
> IV – fixação e ampliação dos programas de crédito rural, abrangendo todas as formas de suplementação de recursos, inclusive refinanciamento.
>
> Art. 5º O cumprimento das deliberações do Conselho Monetário Nacional, aplicáveis ao crédito rural, será dirigido, coordenado e fiscalizado pelo Banco Central da República do Brasil.

Além disso, o artigo 14 da Lei supramencionada cita que os prazos, juros e demais condições das operações de crédito rural, sob quaisquer de suas modalidades, são estabelecidos pelo Conselho Monetário Nacional, o qual limita, sempre que necessário, as taxas de juros e qualquer outra forma de remuneração de operações bancárias, assegurando taxas favorecidas aos financiamentos.

Ademais, o artigo 18 estabelece que o CMN pode tomar medidas de incentivo que visem a aumentar a participação bancária não oficial na aplicação do crédito rural. Este fato também foi previsto no artigo 54 da Lei nº 4.595/64 com o objetivo de garantir melhor utilização da rede bancária privada na difusão do crédito rural.

---

entre o Estado e os mercados não pode, pois, ser de predomínio de qualquer um deles. No setor financeiro, o desenvolvimento do País exige que se faça uma verdadeira política de parceria entre a iniciativa privada e o poder público. O Banco Central pode e deve ser o motor dessa parceria, e o tem sido, em grande parte, em virtude da personalidade das autoridades que até agora o dirigiram. Mas, no aspecto institucional, ainda inexistem as pontes necessárias que deveriam permitir um fluxo constante do diálogo entre o poder e as instituições financeiras. Somente nos momentos de crise é que há uma maior aproximação entre eles, quando, na realidade, o trabalho comum entre o Poder Público e as instituições financeiras deveria ser contínuo e constante, tanto no plano das propostas legislativas, como no da regulação pelo Conselho Monetário Nacional e regulamentação pelo Banco Central".

A Lei do Sistema Financeiro Nacional criou o Conselho Monetário Nacional como o órgão máximo do Sistema Financeiro Nacional e formulador das políticas da moeda e do crédito. A LSFN também concebeu o Banco Central, para fazer cumprir as disposições legais e as normas expedidas pelo CMN.

Ao legislar sobre o SFN, a Constituição decretou, em seu artigo 192, que ele é "estruturado de forma a promover o desenvolvimento equilibrado do País e a servir aos interesses da coletividade, em todas as partes que o compõem, abrangendo as cooperativas de crédito, será regulado por leis complementares que disporão, inclusive, sobre a participação do capital estrangeiro nas instituições que o integram".[51]

O Sistema Financeiro Nacional (SFN) é formado por um conjunto de instituições que promovem um desenvolvimento financeiro equilibrado do país, sendo o BACEN e o CMN responsáveis pela gestão da política monetária do governo federal. O SFN é subdividido em ramos, quais sejam, de moeda, crédito, capitais e câmbio; de seguros privados e de previdência fechada. Além disso, é divido em 3 níveis, composto dos órgãos normativos, em que se encontra Conselho Monetário Nacional, as entidades supervisoras, onde estão o BACEN e a Comissão de Valores Mobiliários, e o nível de operadores.

Segundo Eduardo Fortuna, "até 1964 o Sistema Financeiro Nacional carecia de uma estruturação racional adequada às necessidades e carências da sociedade como um todo".[52] Sendo assim, a reforma do Sistema pretendeu combater a inflação e promover o desenvolvimento econômico do país com base na organização do sistema financeiro e na eficiência do mercado de capitais.

---

[51] Neste sentido, SADDI, Jairo S. *A disciplina constitucional do Sistema Financeiro Nacional e o Banco Central do Brasil*. Seminários DIMAC nº 17. Rio de Janeiro: Instituto de Pesquisa Econômica Aplicada – IPEA, 2000. "O primeiro aspecto relevante é o fato de o constituinte ter remetido à lei complementar toda a disciplina do crédito e da moeda. A exigência de [uma única] lei complementar estancou, na verdade, o processo de transformações constitucionais a que estaria destinado o Banco Central. É fato que a ausência de uma lei complementar implicou, pelo fenômeno jurídico da recepção, a manutenção do *status quo* regido pela Lei nº 4.595, de 31 de dezembro de 1964, que a criou. Tal situação, decorrente da não elaboração da lei complementar referida, suscitou acalorados debates sobre a eficácia ou não do diploma legal vigente, até que o Supremo Tribunal Federal determinou que, somente quando da edição da lei complementar ao artigo 192, ficaria revogada a Lei nº 4.595/64, ordenadora do Sistema Financeiro Nacional".

[52] FORTUNA, Eduardo. *Mercado Financeiro* – produtos e serviços. 15. ed. Rio de Janeiro: Qualitymark, 2002.

3.3. Banco Central do Brasil

A lei que institucionalizou o crédito rural, depois de fixar que competia ao Conselho Monetário Nacional, a fixação de diretrizes sobre esta forma específica de fomento rural, dispôs ainda que a execução das deliberações do CMN ficaria a cargo do Banco Central,[53] autarquia federal criada pelo artigo 8º da Lei nº 4.595/64, que lhe outorgou legitimação de pessoa jurídica de direito público indireta, que sistematizaria a ação de todos os demais órgãos financiadores do crédito rural, elaborando planos globais de ação para implementação dos financiamentos, inclusive na forma de distribuição e incentivo na produção rural.

> Art. 8º A atual Superintendência da Moeda e do Crédito é transformada em autarquia federal, tendo sede e foro na Capital da República, sob a denominação de Banco Central da República do Brasil, com personalidade jurídica e patrimônio próprios este constituído dos bens, direitos e valores que lhe são transferidos na forma desta Lei e ainda da apropriação dos juros e rendas resultantes, na data da vigência desta lei, do disposto no art. 9º do Decreto-Lei nº 8.495, de 28/12/1945, dispositivo que ora é expressamente revogado.

O disposto no artigo 9º da referida lei legisla a respeito que "compete ao Banco Central da República do Brasil cumprir e fazer cumprir as disposições que lhe são atribuídas pela legislação em vigor e as normas expedidas pelo Conselho Monetário Nacional". Desta forma, o próprio BACEN está vinculado às normas expedidas pelo CMN, portanto, não existem distinções de normas, mas sim que deve o BACEN cumprir e fazer cumprir "as normas", ou seja, toda a normatização fixada pelo CMN.

Além disso, compete privativamente ao BACEN, de acordo com os incisos VI e IX do artigo 9º, "exercer o controle de crédito sobre todas as suas formas" e "exercer a fiscalização das instituições financeiras e aplicar as penalidades previstas" respectivamente.

---

[53] Neste sentido, veja: SIMONSEN, Mário Henrique. *Audiência na Subcomissão de Orçamento e Fiscalização Financeira da Comissão do Sistema Tributário, Orçamento e Finanças da Assembleia Nacional Constituinte, realizada em 30 de abril de 1987*. In: SENADO FEDERAL. Assembleia Nacional Constituinte: 20 anos, 2008, p. 19. "Na realidade, à medida que o Poder Executivo dispõe do Poder de emitir moeda, tal poder frustra, de alguma forma, o princípio da unicidade orçamentária. Pura e simplesmente, porque qualquer empréstimo subsidiado ou renovado por muito tempo financia qualquer despesa. Inclusive, se há uma despesa de investimento produtivo, o crédito nem precisa ser subsidiado nem renovado indefinidamente – basta ser renovado até que o investimento entre em maturação. Em suma, para dar substância ao princípio da unicidade orçamentária, estou convencido de que é indispensável separar o Executivo do poder emissor. [...] De fato, um Banco Central independente equivale, praticamente, à criação de um quarto poder, o poder emissor, que deve funcionar em paralelo com o Executivo, o Legislativo e o Judiciário".

Sendo assim, cabe ao BACEN fiscalizar as práticas fraudulentas que ocorrem reiteradamente pelas instituições financeiras.

Desta forma, o BACEN, no exercício de sua competência fiscalizadora sobre as instituições financeiras e demais instituições por ele autorizadas a funcionar, dispõe o poder legal para instaurar processo administrativo punitivo, quando verificada infração a norma legal ou regulamentar relativa às atividades supervisionadas.

As instituições financeiras e demais instituições autorizadas a funcionar pelo BACEN estão sujeitas: advertência; multa de até R$ 250 mil; suspensão por até 3 anos do exercício de cargos; inabilitação por até 20 anos para o exercício de cargos de direção na administração ou gerência em instituições autorizadas a funcionar pelo Banco Central; cassação da autorização de funcionamento.[54]

Os processos administrativos punitivos, no âmbito do BACEN, são conduzidos pelo Departamento de Controle e Análise de Processos Administrativos Punitivos (Decap). A instauração do processo pode ter origem em vários Departamentos, mas o que nos importa aqui é referente ao Departamento de Regulação, Supervisão e Controle das Operações de Crédito Rural e do Proagro (Derop) subordinada ao Diretor de Organização do Sistema Financeiro e Controle de Operações de Crédito Rural (Diorf), por práticas irregulares no âmbito de instituições financeiras e demais instituições autorizadas a funcionar pelo Banco Central do Brasil, relativas às operações de crédito rural.

Outro dado importante referente ao BACEN é que em março de 2015 foi criada a Matriz de Dados do Crédito Rural (MDCR),[55] que permite consultas personalizadas referente ao crédito rural, feita a partir dos dados individuais das operações registradas no Sistema de Operações do Crédito Rural e do Proagro do BACEN.

Tem como objetivo proporcionar maior transparência sobre o crédito rural, por meio da disponibilização de informações agregadas aos vários interessados responsáveis pela política agrícola brasileira. Nesse recurso, podemos ter acesso também ao Programa Nacional de Fortalecimento da Agricultura Familiar (Pronaf) e do Ministério do Desenvolvimento Agrário (MDA).

---

[54] BACEN. *Processos administrativos punitivos no Banco Central do Brasil*. Disponível em: <http://www4.bcb.gov.br/fis/PAD/port/Menu/ProcessoAdministrativo.asp>. Acesso em: 01 nov. 2016.

[55] BACEN. *Matriz de Dados do Crédito Rural*. Disponível em: <http://www.bcb.gov.br/pt-br/#!/c/MICRRURAL/>. Acesso em: 22 out. 2016.

No entanto, o BACEN não regula somente as instituições financeiras, como também dispõe a elas a obrigação de fiscalizar a aplicação do valor financiado, de acordo com a Resolução n° 4.174, de 27 de dezembro de 2012.

A fiscalização do crédito rural, quando se tratar de custeio agrícola, deve ser fiscalizada antes da época prevista para colheita, assim como crédito de custeio pecuário deve ser fiscalizado pelo menos uma vez no curso da operação, em época que seja possível verificar sua correta aplicação. Ressalta-se que cabe ao fiscal verificar a correta aplicação dos recursos orçamentários, o desenvolvimento das atividades financiadas e a situação das garantias, caso houver.

Outra Resolução de considerável importância do Banco Central é a de n° 2.666, de 12 de novembro de 1999, que dispõe sobre os critérios e as condições aplicáveis às operações de crédito rural alongadas ou securitizadas ao amparo da Lei n° 9.138 de 1995 ou renegociadas com base na Resolução n° 2.471 de 1998.

3.4. Manual do Crédito Rural

O Manual do Crédito Rural é o documento que consolida os diversos normativos que regulamentam o Crédito Rural no Brasil. Em 19 de outubro de 2016, ocorreu a atualização n° 617 do MCR. O Manual é divido em 19 partes, quais sejam, disposições preliminares, condições básicas, operações, finalidades especiais, créditos a cooperativas de produção agropecuária, cooperativas de crédito, recursos, instrumentos especiais de política agrícola, Programa Nacional de Apoio ao Médio Produtor rural (PRONAMP), Fundo de Defesa da Economia Cafeeira (FUNCAFÉ), Programa Nacional de Fortalecimento da Agricultura Familiar (PRONAF), programas especiais, programas com recursos do BNDES, Programa de Garantia da Atividade Agropecuária (PROAGRO), renegociação de dívidas originárias de operações de crédito rural e, por fim, normativos não codificados.

3.5. Vinculatividade das Resoluções do Banco Central e Circulares do Conselho Monetário Nacional

O Conselho de Recursos do Sistema Financeiro Nacional (CRSFN) é um órgão colegiado, de segundo grau, integrante da estrutura do Ministério da Fazenda, conforme disposto na Lei nº 9.069/95. Tal órgão é constituído, paritariamente, por oito Conselheiros, possuidores de conhecimentos especializados em assuntos relativos ao mercado financeiro, dentre eles a matéria relativa ao câmbio, de capitais, de consórcios e de crédito rural e industrial.

O CRSFN foi criado pelo Decreto nº 91.152/85, com atribuição específica para julgar, em segunda e última instância administrativa, os recursos interpostos das decisões relativas à aplicação das penalidades administrativas referidas nos itens I a IV do art. 1º do referido Decreto.[56]

Com o advento da Lei nº 9.069, de 29 de junho de 1995, mais especificamente em razão do seu artigo 81 e parágrafo único, ampliou-se a competência do CRSFN, que recebeu igualmente do CMN a responsabilidade de julgar os recursos interpostos contra as decisões do Banco Central do Brasil relativas à aplicação de penalidades por infração à legislação cambial, de capitais estrangeiros, de crédito rural e industrial.

Nesse sentido, é importante reproduzir o artigo da lei mencionada que ampliou a competência do órgão, alcançando matérias antes de alçada exclusiva do Conselho Monetário Nacional:

> Art. 81. Fica transferida para o Conselho de Recursos do Sistema Financeiro Nacional, criado pelo Decreto nº 91.152, de 15 de março de 1985, a competência do Conselho Monetário Nacional para julgar recursos contra decisões do Banco Central do Brasil, relativas à aplicação de penalidades por infrações à legislação cambial, de capitais estrangeiros e de crédito rural e industrial.

Tal órgão possui posição de destaque devido ao controle que exerce sobre as instituições financeiras e mercado de valores, por meio de seus julgados em grau de recurso sendo de relevo, no caso em específico, os recursos em que é debatido o desvirtuamento da concessão do crédito rural descrito no Manual de Crédito Rural.

---

[56] BRASIL. Decreto nº 91.152, de 15 de março de 1985. *Cria o conselho de Recursos do Sistema Financeiro Nacional e dá outras providências*. Disponível em: < http://www.planalto.gov.br/ccivil_03/decreto/1980-1989/D91152.htm>. Acesso em: 31 out. 2016. "Art. 1º. Fica criado, no Ministério da Fazenda, o Conselho de Recursos do Sistema Financeiro Nacional, com a finalidade de julgar, em segunda e última instância, os recursos interpostos das decisões relativas à aplicação de penalidades administrativas previstas: I – no inciso XXVI do art. 4º e no § 5º do art. 44, da Lei nº 4.595, de 31 de dezembro de 1964; no art. 3º do Decreto-lei nº 448, de 3 de fevereiro de 1969; e no parágrafo único do art. 25 da Lei nº 4.131, de 3 de setembro de 1962, com a redação que lhe deu a Lei nº 4.390, de 29 de agosto de 1964; II – no § 4º do art. 11 da Lei nº 6.385, de 07 de dezembro de 1976; III – no § 2º do art. 43 da Lei nº 4.380, de 21 de agosto de 1964, combinado com o § 7º do art. 4º da Lei nº 4.595, de 31 de dezembro de 1964; e IV – no § 2º do art. 2º do Decreto-lei nº 1.248, de 29 de novembro de 1972, e no art. 74 da Lei nº 5.025, de 10 de junho de 1966".

Conforme o Decreto nº 8.652, de 28 de janeiro de 2016, que regula o Conselho de Recursos do Sistema Financeiro Nacional, compete ao referido órgão julgar, em última instância administrativa, os seguintes recursos:

> Art. 1º O Conselho de Recursos do Sistema Financeiro Nacional – CRSFN, órgão colegiado integrante da estrutura do Ministério da Fazenda, tem por finalidade julgar, em última instância administrativa, os recursos:
>
> [...]
>
> II – de decisões do Banco Central do Brasil:
>
> a) que aplicarem penalidades em sede de processo administrativo sancionador instaurado em razão do descumprimento de normas legais e regulamentares que lhe caiba fiscalizar;
>
> b) que aplicarem medidas cautelares;
>
> c) referentes à desclassificação e à descaracterização de operações de crédito rural;
>
> [...]

Diante disso, imprescindível reconhecer a relevância do órgão no exercício da observância das regras atinentes ao Crédito Rural, mais precisamente ao fato de garantir o cumprimento dos dispositivos do Manual de Crédito Rural, bem como as resoluções e normativas aplicáveis à espécie.

A seguir, a título exemplificativo de sua atuação, colacionam-se julgados de recursos interpostos por instituições financeiras públicas e privadas criticando decisões do BACEN referentes à matéria de crédito rural, em que foram confirmadas as sanções de desclassificação de operações de crédito rural efetuadas pelas instituições recorrentes, bem como aplicadas multas pecuniárias em virtude do desvio de finalidade e irregularidade de aplicação.

> Recorrente: BANCO DO BRASIL S.A
>
> Recorrido: BANCO CENTRAL DO BRASIL
>
> RECURSO(S) VOLUNTÁRIO(S) – Crédito rural – Descaracterização/Desclassificação de operações realizadas originariamente dentro do segmento – Não comprovação de destinação de insumos comprados à finalidade contratada – Classificação irregular de operações – Recolhimento a menor de Imposto sobre Operações Financeiras (IOF) – Intempestividade – Recurso não conhecido. Recurso 7214-CR. Processo BCB 0101072607.

> Recorrente: BANCO DO BRASIL S.A/ Pedro Roberto
>
> Recorrido: BANCO CENTRAL DO BRASIL
>
> RECURSO(S) VOLUNTÁRIO(S) – Crédito rural – Falhas na classificação de operações do segmento – Intempestividade – Recorrente teria financiado o pagamento de dívidas com recursos do crédito rural, em infração ao Manual de Crédito Ru-

ral – MRC, item 1.1.3. Apelo não conhecido. Recurso 12691-CR. Processo BCB 9600579754.

Recorrente(s): COOPERATIVA DE CRÉDITO RURAL DE PITANGUI LTDA. – CREDICOOP, FERNANDO ANTONIO MACIEL, JOSÉ ISALTE DE FREITAS LOBATO, JOSÉ RAIMUNDO SOUZA CHAVES

Recorrido: BANCO CENTRAL DO BRASIL

RECURSO(S) VOLUNTÁRIO(S) E DE OFÍCIO – Cooperativa de crédito – Empréstimos – Condução de negócios em desacordo com as normas de boa gestão e segurança operacional – Concessão sem observância aos princípios de seletividade, garantia, liquidez e diversificação de riscos e sem constituição de título de crédito adequado, representativo da dívida – Aplicação, em finalidade diversa, de recursos com destinação para operações de crédito rural – Falta de fiscalização de operações contratadas nesse segmento pela indiciada – Irregularidades, inclusive de natureza grave, caracterizadas – Razões de defesa parcialmente acolhidas – Apelos voluntários a que se dá provimento parcial – Recurso de ofício improvido.

Penalidade(s): Multa Pecuniária e Inabilitação Temporária.

Base legal: Lei 4.595/64, art. 44, §§ 2º e 4º.

Feitas estas considerações a respeito do Conselho de Recursos do Sistema Financeiro Nacional, é indiscutível que a não observância das normas e regulamentos previstos em resoluções do BACEN ou pela aplicação em finalidade diversa dos recursos com destinação específica para operações de crédito rural pelas instituições financeiras acarretará na imposição de sanções por parte da autarquia responsável pela fiscalização do uso dessa verba, qual seja, o Banco Central do Brasil, integrante do Sistema Financeiro Nacional.

Ao falarmos da força normativa das resoluções expedidas pelo BACEN no âmbito de aplicação das relações de crédito havidas no SNCR depreendemos que é necessário tecer breves considerações a respeito do órgão responsável pela fiscalização, controle e regulamentação da matéria de ordem financeira em solo nacional.

O Conselho Monetário Nacional foi criado através da Lei nº 4.595/64, que institucionalizou o Sistema Financeiro Nacional, com a finalidade de formular a política da moeda e do crédito, objetivando o progresso econômico e social do País, tendo como um de seus objetivos de sua política "coordenar as políticas monetária, creditícia, orçamentária, fiscal e da dívida pública, interna e externa".

O CMN é vinculado ao Poder Executivo, com a finalidade de formular a política da moeda e do crédito, objetivando o progresso econômico e social do País, como exposto no artigo 2º, *caput* da referida Lei. No artigo 3º, numerou os objetivos de sua política, merecendo a reprodução de seu inciso VII que assim dispõe:

> VII – Coordenar as políticas monetária, creditícia, orçamentária, fiscal e da dívida pública, interna e externa.

Da mesma forma, foram elencadas as competências do Conselho Monetário Nacional, merecendo destaque três incisos referentes à matéria, dispostos no art. 4º da mesma lei:

> VI – Disciplinar o crédito em todas as suas modalidades e as operações creditícias em todas as suas formas, inclusive aceites, avais e prestações de quaisquer garantias por parte das instituições financeiras;
>
> VIII – Regular a constituição, funcionamento e fiscalização dos que exercerem atividades subordinadas a esta lei, bem como a aplicação das penalidades previstas;
>
> XXII – Estatuir normas para as operações das instituições financeiras públicas, para preservar sua solidez e adequar seu funcionamento aos objetivos desta lei.

Com ênfase no poder de alcance de suas deliberações e decisões, imperioso transcrever o seu artigo art. 5º:

> Art. 5º As deliberações do Conselho Monetário Nacional entendem-se de responsabilidade de seu Presidente para os efeitos do art. 104, nº I, letra "b", da Constituição Federal[57] e obrigarão também os órgãos oficiais, inclusive autarquias e sociedades de economia mista, nas atividades que afetem o mercado financeiro e o de capitais.

Por sua vez, o art. 7º da Lei nº 4.595/94 reza que, junto ao CMN, funcionarão as Comissões Consultivas bancárias, de mercado de capitais, de crédito rural e de crédito industrial. O art. 46 define que as atribuições legais e regulamentares do Ministério da Fazenda relativamente ao meio circulante são transferidas ao Conselho Monetário Nacional e ao BACEN.

Atentando-se para as competências e prerrogativas do CMN, será possível aferir que em vários aspectos e situações será o órgão responsável pela regulamentação ou fiscalização de matéria financeira.

A razão dessa fixação de competência encontra abrigo na própria figura do legislador que reconheceu a volatilidade e a rápida dinâmica do mercado financeiro mundial, preferindo deixar ao arbítrio do Ministério da Fazenda a regulamentação da estrutura econômica.

Com esse intuito, o legislador pátrio prescreveu normas abstratas, podendo caracterizá-las como verdadeiras normas em branco através da Lei nº 4.595/64, as quais dispuseram sobre os objetivos e princípios básicos do Sistema Financeiro Nacional.

---

[57] Constituição Federal vigente ao ano de 1964.

Foi derrogada ao Poder Executivo, por meio do Conselho Monetário Nacional, a regulação da dinâmica do mercado, visando a uma melhor adequação às políticas públicas e conjunturais do mercado. Sobre esse aspecto, já se manifestou o Superior Tribunal de Justiça ao pontuar que:

> [...] doutrina e jurisprudência reconhecem que uma das áreas mais sensíveis ao poder regulamentar é o setor que abrange as instituições financeiras, sujeitas a um conjunto de leis que abrange normas regulamentares de nível inferior, representadas pelas resoluções. Daí o poder normativo do Conselho Monetário Nacional, como consta da Lei 4.595/64 que, ao disciplinar o mercado financeiro, editou verdadeiras normas em branco, cujo conteúdo é preenchido com suas deliberações. Logo, a conclusão a que se chega é da que o sistema tem suas normas estruturais formuladas pelo Legislativo; as normas conjunturais sobre a política da moeda e do crédito ficaram a cargo do Conselho Monetário Nacional, mediante resolução. (STJ – Resp. nº 507.123/RS – 2ª T. Rel. Min. Eliana Calmon – j.01.09.2005).

Por questões de volatilidade e dinamicidade do mercado financeiro nacional, a lei derroga poderes normativos ao Conselho Monetário Nacional, o qual tem o dever de elaborar normas que vinculam os órgãos do Sistema Financeiro Nacional.

Sobre as funções específicas do BACEN, o seu artigo 9º dispõe que: "compete ao Banco Central da República do Brasil cumprir e fazer cumprir as disposições que lhe são atribuídas pela legislação em vigor e as normas expedidas pelo Conselho Monetário Nacional".

O próprio Banco Central do Brasil está vinculado às normas expendidas pelo Conselho Monetário Nacional. Em outras palavras, o BACEN tem de observar as normas expedias pelo Conselho Monetário Nacional. Isto é, deve o BACEN cumprir e fazer cumprir as normas, ou seja, toda a normatização fixada pelo CMN.

Fazendo uma análise pormenorizada da estrutura e competência do Conselho Monetário Nacional, através do conteúdo disposto no Capítulo II, da Lei nº 4.595/64, afere-se que o legislador derrogou competência normatizadora ao órgão, vinculando ao poder executivo, conferindo, inclusive, o regime jurídico-administrativo do Poder de Polícia.[58]

---

[58] Poder de polícia é "a atividade do Estado que visa defender, pelos meios do poder da autoridade, a boa ordem da coisa pública contra as perturbações que as realidades individuais possam trazer". MAYER, Otto. Derecho *Administrativo Alemán*, t. II. Buenos Aires: De Palma, 1951. Segundo DI PIETRO o Poder de Polícia é o "'princípio da predominância do interesse público sobre o particular, que dá à Administração posição de supremacia sobre os administrados". DI PIETRO, Maria Sylvia Zanella. *Direito Administrativo*. 17. ed. São Paulo: Atlas, 2004.

Deste modo, fica claro que suas disposições e regulamentos criam prerrogativas e sujeições dos envolvidos, quais sejam, Administração Pública e as instituições e órgãos do sistema financeiro nacional.

Seguindo essa linha de raciocínio, a lei preceituou que o Conselho Monetário Nacional tem o poder fiscalizatório sobre todo o Sistema Financeiro Nacional, seja sobre órgãos públicos, seja sobre órgãos particulares, incluído entre eles o Banco Central, Banco do Brasil e demais instituições financeiras ou creditícias.

Ainda sobre o tema, importante registrar que ao CMN atribuiu-se o Poder Normativo, já que seus regulamentos e circulares estão previstos nas normas em branco, criadas pela Lei nº 4.595/64, eis que esta lei derrogou a competência disciplinadora das matérias referentes ao mercado financeiro, a fim de atender e fazer cumprir o seu papel fiscalizatório e regulamentador do Sistema Financeiro Nacional.

Sendo em sua essência um órgão da Administração Pública, criado e presidido por autoridades públicas, tem-se que seus normativos são nada mais do que atos administrativos, pois produzem efeitos jurídicos no mundo dos fatos, e, sendo ato administrativo, goza das prerrogativas da presunção de legitimidade e veracidade, imperatividade, auto executoriedade e tipicidade. Assim, são atos válidos, legítimos, até que decisão judicial lhe retire eficácia ou suprima seus efeitos.

Como já foi discorrido, viu-se que há no Brasil um Sistema Financeiro regido pelas disposições da Lei nº 4.595/64, o qual teve a incumbência de criar o Conselho Monetário Nacional e o Banco Central do Brasil, sendo seus dispositivos e normativos vinculantes a todas as instituições financeiras pertencentes ao sistema.

Desta maneira, essa Lei, por ser especial e específica, deve ser observada no âmbito das relações agrícolas havidas entre instituições financeiras e os tomadores de crédito, já que ela possui caráter vinculante para todas as instituições creditícias ao setor rural e aos mutuários de recursos, visto que são verbas de caráter público.

Indiscutível que existe uma disposição clara e expressa que será o Conselho Monetário Nacional que disciplinará o crédito rural no país. Sendo assim, as normas balizadoras do instituto do Crédito Rural, estatuídas pelo CMN atinentes à matéria, são, portanto, de caráter cogente.

Tais normas foram compiladas no Manual de Crédito Rural, este editado pelo BACEN, órgão que recebeu da mesma Lei nº 4.829/65 a incumbência de fiscalizar, dirigir e coordenar o cumprimento das deliberações do CMN a respeito do crédito rural. Assim, as normas operativas do CMN são as próprias normas estatais, reguladoras e disciplinadoras da matéria.

Em razão disso, reitera-se que os normativos do Conselho Monetário Nacional, sobretudo em relação ao crédito rural, possuem natureza cogente, normativa, devendo ser aplicadas em todos os casos que se enquadrem.

O Sistema Nacional de Crédito Rural é sistema único, que vincula produtores rurais e suas cooperativas, instituições financiadoras e o próprio Estado que possui como prerrogativa o fomento do setor agropecuário. Por essa razão, não são as instituições financeiras que determinam as normas contratuais, nem sobre elas há livre estipulação de vontades e prerrogativas inerentes aos demais contratos de crédito.

As normas do CMN podem ser vistas como a própria viabilização da Política Agrícola estatal, sendo, portanto, de aplicação compulsória pelas partes, tanto os mutuantes, leia-se Instituições Financeiras pertencentes ao Sistema Nacional de Crédito Rural, quanto os mutuários, estes agricultores financiados.

O espírito insculpido no sistema de financiamento do crédito rural não condiz com um mero instrumento criado para se buscar a maior rentabilidade das partes. O sentido da criação de todo o Sistema é fortalecer a agricultura brasileira, e, via de consequência, a própria sociedade. Este é o norte que deve servir como o princípio que rege as operações que dele se desdobram.

Tendo em mente isso, as normas que o CMN, órgão isento e conhecedor das conjunturas políticas, devem sempre prevalecer sobre interesses de qualquer uma das partes, ainda que contratos desta natureza estabeleçam o contrário.

Ao fim, é indiscutível que as normas, Resoluções e Normativas estabelecidas pelo CMN e regulamentadas pelo BACEN no âmbito das relações travadas dentro do Sistema Nacional do Crédito Rural são de aplicação compulsória às instituições financeiras, ainda que ao alvedrio das mesmas, visto o caráter cogente e especial dos normativos do Conselho Monetário Nacional.

3.6. As garantias do crédito rural

O crédito rural é um contrato que tem como objeto o empréstimo de dinheiro para o desenvolvimento do agronegócio e quase na sua generalidade vem protegido com garantias reais ou pessoais.

O artigo 25 da Lei nº 4.829/65 e o artigo 30 do Decreto nº 58.380/66, que a regulamenta, enumeram as garantias, mas de forma exemplificativa e o disposto do capítulo das condições básicas, seção de garantias do MCR, que diz:

> A garantia de crédito rural pode constituir-se de: (Res 3.239; Res 3.556, art. 11 I; Res 3.738, art. 1º)
>
> a) penhor agrícola, pecuário, mercantil, florestal e cedular; (Res 3.239; Res 3.649, art. 1º)
>
> b) alienação fiduciária; (Res 3.239)
>
> c) hipoteca comum ou cedular; (Res 3.239)
>
> d) aval ou fiança; (Res 3.239)
>
> e) seguro rural ou do amparo do Programa de Garantia da Atividade Agropecuária (Proagro); (Res 3.239; Res 3.556, art. 11 I)
>
> f) proteção de preço futuro da commodity agropecuária, inclusive por meio de penhor de direitos, contratual ou cedular; (Res 3.738, art. 1º)
>
> g) outras que o Conselho Monetário Nacional admitir. (Res 3.239; Res 3.738, art. 1º)

A garantia mais utilizada no crédito rural é o penhor, segundo Wellington Pacheco Barros.[59] Essa garantia teve destinação ampliada por força da legislação agrária que chegou a possibilitar que a garantia pudesse incidir sobre a produção futura, agrícola ou pecuária, ou sobre o bem que viesse a ser adquirido com o dinheiro do crédito rural, de acordo com o artigo 29 da Lei nº 4.829, artigo 34 do Decreto nº 58.380/66 e artigo 55 do Decreto-Lei nº 167/67. Em relação ao penhor, temos diferentes modalidades no MCR, quais sejam:

> Denomina-se penhor agrícola o que se constitui mediante contrato, tendo por objeto: (Res 3.239; Res 3.649 art. 2º)
>
> a) colheitas pendentes ou em via de formação, quer resultem de prévia cultura, quer de produção espontânea do solo; (Res 3.239)
>
> b) frutos armazenados, em estado natural ou beneficiados e acondicionados para venda; (Res 3.239)
>
> c) máquinas e instrumentos agrícolas; (Res 3.239; Res 3.649 art. 2º)
>
> d) lenha cortada e carvão vegetal. (Res 3.239)

---

[59] BARROS, Wellington Pacheco. *Curso de Direito Agrário*. Porto Alegre: Livraria do Advogado, 2009.

Denomina-se penhor pecuário o que se constitui mediante contrato, tendo por objeto animais com finalidade econômica. (Res 3.239)

Denomina-se penhor mercantil o que se constitui mediante contrato, tendo por objeto: (Res 3.239)

a) *warrants* (unidos aos respectivos conhecimentos de depósito), conhecimento de embarque, notas promissórias, cédulas de crédito rural, bilhetes de mercadorias, duplicatas, letras de câmbio, ações e outros títulos; (Res 3.239)

b) mercadorias e produtos depositados, que não sejam de fácil deterioração. (Res 3.239)

Denomina-se penhor cedular o que se constitui na cédula de crédito rural, tendo por objeto: (Res 3.239)

a) bens suscetíveis de penhor agrícola, pecuário ou mercantil; (Res 3.239)

b) gêneros oriundos da produção agrícola, extrativa ou pastoril, ainda que destinados a beneficiamento ou transformação; (Res 3.239)

c) veículos automotores, veículos de tração mecânica e veículos de tração animal; (Res 3.239)

d) canoas, barcos, balsas e embarcações fluviais ou lacustres, com ou sem motores; (Res 3.239)

e) máquinas e utensílios destinados ao preparo de rações ou ao beneficiamento, armazenamento, industrialização, frigorificação, conservação, acondicionamento e transporte de produtos e subprodutos agropecuários ou extrativos ou utilizados nas atividades rurais, bem como bombas, motores, canos e demais equipamentos de irrigação; (Res 3.239)

f) incubadoras, chocadeiras, criadeiras, pinteiros e galinheiros desmontáveis ou móveis, gaiolas, bebedouros, campânulas e quaisquer máquinas e utensílios usados nas explorações avícolas e agropastoris. (Res 3.239)

O penhor rural, agrícola ou pecuário observará as seguintes condições: (Res 4.342, art. 3º)

a) o prazo do penhor não excederá o da obrigação garantida e, embora vencido, permanece a garantia, enquanto subsistirem os bens que a constituem;

b) a prorrogação do penhor, inclusive decorrente de prorrogação da obrigação garantida prevista na alínea "a", ocorre mediante a averbação à margem do registro respectivo, por requerimento do credor e do devedor.

A lei expressamente configura como bens objetos de penhor no artigo 56 do Decreto-Lei nº 167/67:

Art. 56. Podem ainda ser objeto de penhor cedular os seguintes bens e respectivos acessórios, quando destinados aos serviços das atividades rurais:

I – caminhões, camionetas de carga, furgões, jipes e quaisquer veículos automotores ou de tração mecânica.

II – carretas, carroças, carros, carroções e quaisquer veículos não automotores;

III – canoas, barcas, balsas e embarcações fluviais, com ou sem motores;

IV – máquinas e utensílios destinados ao preparo de rações ou ao beneficiamento, armazenagem, industrialização, frigorificação, conservação, acondicionamento e transporte de produtos e subprodutos agropecuários ou extrativos, ou utilizados nas atividades rurais, bem como bombas, motores, canos e demais pertences de irrigação;

V – incubadoras, chocadeiras, criadeiras, pinteiros e galinheiros desmontáveis ou móveis, gaiolas, bebedouros, campânulas e quaisquer máquinas e utensílios usados nas explorações avícolas e agropastoris.

Uma das peculiaridades da garantia através do penhor ou da hipoteca no crédito rural é sua inserção no próprio instrumento que constituir a dívida, formando um título de crédito rural com identidade específica e denominação de acordo com a garantia nele embutida. Por isso a cédula rural pignoratícia, cédula rural hipotecária e cédula rural pignoratícia e hipotecária.

A garantia da cédula de crédito rural deve ser razoável com a dívida constituída e a projeção de uma possível mora. Os bens que constituirão a garantia devem ser projetados de forma a que mantenha a razoável diferença, como legislado no artigo 64 do Decreto-Lei nº 167/67:

> Art. 64. Os bens dados em garantia assegurarão o pagamento do principal, juros, comissões, pena convencional, despesas legais e convencionais com as preferências estabelecidas na legislação em vigor.

No próximo capítulo, entenderemos melhor a dinâmica do crédito rural a partir de casos concretos e de decisões importantes dos principais Estados e seus respectivos Tribunais de Justiça que têm um maior envolvimento com o agronegócio, assim como o melhor entendimento do Superior Tribunal de Justiça a respeito do tema.

4. A análise jurisprudencial do Crédito Rural brasileiro

Ao longo de todo o processo histórico da tentativa de codificação do crédito rural no Brasil, diversas situações foram enfrentadas pelos tribunais brasileiros. A jurisprudência trouxe importantes acertos para a exata aplicação da legislação, mas também retroagiu em certos aspectos.

As respostas dadas pela jurisprudência formaram e moldaram as novas espécies de contratação e o *modus operandi* dos agentes fomentadores. O legislador, de forma recorrente, não consegue corresponder às necessidades do cidadão e, no caso concreto, dos operadores do agronegócio.

Desta forma, os tribunais foram os grandes aliados do mercado que fomenta o PIB brasileiro em certos aspectos, por exemplo, aplicando a teoria do finalismo aprofundado nos contratos de crédito rural, mas em outros momentos, esses de bonança econômica, responderam de forma negativa à parte vulnerável, com decisões, estas dos tribunais superiores, contrariamente à própria norma do Manual de Crédito Rural, quando entendiam que a contratação de cédula posterior para liquidar anterior não se configurava como "operação mata-mata".[60]

Sendo assim, a atividade rural, por sua essencialidade ao país, não pode ser atingida por índices mais altos de mensuração inflacionária, quando o próprio governo fixa índices inferiores. Mais ainda quando é notório que os produtores do agronegócio não têm seus preços majorados adequadamente. O tratamento deve ser especial e diferenciado, na medida em que vinculado ao problema primordial da alimentação popular. Não é um empréstimo comum. Seus objetivos visam, principalmente, ao custeio, ao investimento, à comer-

---

[60] Recurso Especial nº 132.730 da 3º Turma, Rel. Min. Carlos Alberto Direito, 16 jun. 1998.

cialização e à industrialização do setor do agronegócio. Dirigem-se, ainda, ao incremento da produtividade e da cultura agrícola, tendo em vista a melhoria da rentabilidade da exploração financeira, ao progresso das práticas rurais e melhoria das condições de vida e de trabalho da unidade rural beneficiada.

Diante disso, apresentaremos a seguir as importantes decisões do Supremo Tribunal de Justiça e dos principais tribunais regionais que tratam a respeito do Crédito Rural no Brasil.

4.1. O posicionamento do STJ sobre o Crédito Rural

Importante iniciar a análise jurisprudencial pela responsabilidade indiscutível do Poder Executivo, por meio do Conselho Monetário Nacional, em regular a dinâmica do mercado, visando a uma melhor adequação às políticas públicas e às suas conjunturas. Sabe-se que é de responsabilidade do Banco Central a execução das deliberações emitidas pelo CMN, sistematizando a ação dos demais órgãos financiadores do crédito rural, ou seja, aqueles órgãos integrantes do sistema, elaborando planos de ação para implementação dos financiamentos, inclusive na forma de distribuição e incentivo da produção rural.

As normas, Resoluções e Normativas estabelecidas pelo Banco Central no âmbito das relações do Sistema Nacional de Crédito Rural são de aplicação compulsória aos agentes financeiros, visto o caráter cogente e especial das normativas impostas pelo Conselho Monetário Nacional, devendo o BACEN cumprir e fazer cumprir as normas estabelecidas, tal como preconizado pelo Superior Tribunal de Justiça:

> [...] doutrina e jurisprudência reconhecem que uma das áreas mais sensíveis ao poder regulamentar é o setor que abrange as instituições financeiras, sujeitas a um conjunto de leis que abrange normas regulamentares de nível inferior, representadas pelas resoluções. Daí o poder normativo do Conselho Monetário Nacional, como consta da Lei 4.595/64 que, ao disciplinar o mercado financeiro, editou verdadeiras normas em branco, cujo conteúdo é preenchido com suas deliberações. Logo, a conclusão a que se chega é da que o sistema tem suas normas estruturais formuladas pelo Legislativo; as normas conjunturais sobre a política da moeda e do crédito ficaram a cargo do Conselho Monetário Nacional, mediante resolução. (STJ – Resp. nº 507.123/RS – 2ª T. Rel. Min. Eliana Calmon – j.01.09.2005)

Além disso, há de se destacar uma das mais importantes Súmulas decididas pelo STJ beneficiando o agronegócio, principalmente em relação às ações de reenquadramento dos recursos tomados pelos produtores rurais para assim se fazer respeitar as normas acima expostas, já que diversas vezes fica comprovado que os recursos repassados sofrem índices deliberadamente maquiados e valores altamente onerados pelas instituições financeiras.

A Súmula 298, pelo entendimento da 3º turma do Superior Tribunal de Justiça, com objetivo de beneficiar o devedor lesado determina que o produtor rural tem direito de prolongar a quitação da dívida oriunda do crédito rural. Porém, vale ressaltar que a renegociação somente passará a ser obrigatória no caso em que forem atendidos os requisitos legais.

A Súmula em questão tem algumas decisões como precedentes, porém, importante mencionar a mais recente delas, ou seja, o Recurso Especial nº 525.651-MG, tendo como relatora do processo a Ministra Nancy Andrighi,[61] destacando que o alongamento do pagamento de dívida que tem origem pelo crédito rural não constituiu faculdade dos agentes financeiros, uma vez que essa faculdade se destina ao devedor nos termos da lei.

> Súmula 298: O alongamento de dívida originada de crédito rural não constitui faculdade da instituição financeira, mas, direito do devedor nos termos da lei.

Quando da solicitação do alongamento de dívidas em decorrência de aplicação do MCR, as instituições financeiras deveriam suspender a cobrança judicial ou, em caso contrário, a suspensão da exigibilidade deve ser determinada pelo Judiciário, já que constitui causa prejudicial ao prosseguimento da execução, sendo recomendável a suspensão do processo executivo. Desta forma, o correto é a suspensão do processo até que se decida se o devedor preenche ou não os requisitos para concessão do benefício estipulado pela política agrícola vigente.

Além disso, é sabido que existem diversos casos que demostram os errôneos procedimentos adotados pelos agentes bancários, sendo satisfeitas somente as suas pretensões, refletindo-se em um verdadeiro abuso de direito. Por isso, a possibilidade de Ação de Reenquadramento dos contratos de que se perpetuaram por um longo tempo na modalidade de operação continuada encontra amparo de pleno direito no ordenamento jurídico.

---

[61] BRASIL. *Superior Tribunal de Justiça*. Súmula nº 298. Disponível em: <https://ww2.stj.jus.br/docs_internet/revista/eletronica/stj-revista-sumulas-2011_23_capSumula298.pdf>. Acesso em: 08 nov. 2016.

Com intuito de evitar o enriquecimento sem causa, sem razão, além da lesão subjetiva e a desproporção negocial, restou estabelecida pelo STJ a Súmula 286, já que, muitas vezes, as negociações contratuais são impostas por uma das partes, normalmente aquela que tem uma posição mais privilegiada. Dessa forma, essa Súmula representa uma quebra de um paradigma, em prol do Direito Civil Constitucional.[62]

> Súmula 286: A renegociação do contrato bancário ou a confissão da dívida não impede a possibilidade de discussão sobre eventuais ilegalidades dos contratos anteriores

Pela comprovada onerosidade excessiva[63] com incidência de encargos abusivos no período da normalidade contratual do crédito rural, mas não só destes contratos especiais, o STJ decidiu coerentemente que tal fato impede a caracterização da mora, do atraso culposo, gerando obrigatoriamente a decisão de uma descaracterização dela, afastando, assim, os encargos moratórios cobrados por uma taxa ilegal e abusiva utilizada na contratação.

É importante mencionar que as características de identificação da onerosidade excessiva[64] estão presentes quando se configuram contratos comutativos, de duração, com execução periódica ou con-

---

[62] Neste sentido, EFING, Antônio Carlos. *Direito Constitucional do Consumidor:* a dignidade humana como fundamento da proteção legal. In: EFING, Antônio Carlos (coord.). Direito do Consumo. Curitiba: Juruá, 2002: "não se pode mais conceber a distinção entre direito público e direito privado como sendo este o ramo do direito que regra as situações da sociedade e aquele o que regra a atuação estatal, da mesma forma que não mais se admite pensar que a Constituição Federal é a lei do Estado, e a lei da sociedade corresponde aos códigos e demais diplomas legais".

[63] A figura da onerosidade excessiva é incorporada pelo legislador brasileiro através dos artigos 478 a 480 do Código Civil de 2002. Neste sentido, VENOSA, Silvio de Salvo. *Direito civil:* teoria geral das obrigações e teoria geral dos contratos. 11. ed. São Paulo: Atlas, v. 02, 2011: "a possibilidade de intervenção judicial no contrato ocorrerá quando um elemento surpresa, uma circunstância nova, surja no curso do contrato, colocando em situação de extrema dificuldade um dos contratantes, isto é, ocasionando uma excessiva onerosidade em sua prestação. Nem sempre essa onerosidade equivalerá a um excessivo benefício em prol do credor. Razões de ordem prática, de adequação social, fim último do Direito, aconselham que o contrato nessas condições excepcionais seja resolvido, ou conduzido a níveis suportáveis de cumprimento para o devedor".

[64] Ricardo Pereira Lira, tomando como referência o Código Civil italiano aponta como requisitos da onerosidade excessiva: "a) que não seja pedido pela parte que já executou inteiramente sua prestação ou que já tenha recebido inteiramente sua contraprestação; b) que não seja pedido por parte que esteja inadimplente; c) que a mudança do estado de fato seja superveniente à constituição do contrato; d) que se trate de contrato de execução continuada ou periódica, ou, ainda, de execução diferida; e) que haja um juízo de onerosidade fundado no confronto da prestação e da contraprestação; f) que a onerosidade exceda a álea normal do contrato e g) que a onerosidade tenha sido causada por um evento extraordinário e imprevisível, compreendendo-se na imprevisibilidade o evento previsível cuja gravidade não se pode antever". LIRA, Ricardo Pereira. A onerosidade excessiva nos contratos. Rio de Janeiro: *Revista de Direito Administrativo*, n. 159, jan./mar. 1985.

tinuada, prestações sucessivas, em contratos distanciados no tempo (demarcados em diferentes épocas temporais), com certa distância *temporis* entre o momento da celebração e o momento da execução, além da alteração radical das condições econômicas, quando a onerosidade provoque uma "extrema vantagem" para a parte credora, trazendo como consequência um sacrifício da parte devedora da prestação, com a decorrência de eventos extraordinários e imprevisíveis (caracterizada quando há incidência do MCR como quebras de safra ou variação de preço, por exemplo). Seguem abaixo as decisões:

> A cobrança de encargos abusivos no período da normalidade contratual, ao interferir no correto adimplemento da obrigação, impede a caracterização da mora, do atraso culposo, como reconhece a jurisprudência do Superior Tribunal de Justiça:
> [...]
> (REsp 1061530/RS, Rel. Ministra NANCY ANDRIGHI, SEGUNDA SEÇÃO, julgado em 22/10/2008, DJe 10/03/2009)
>
> Agravo Regimental. Recurso Especial. (...) Mora do devedor. Descaracterização. Cobrança de encargos ilegais. Multa e juros moratórios indevidos. 1 – Segundo orientação adotada pela 2ª Seção, no julgamento do EREsp nº 163.884/RS, em 23/05/01, a cobrança de encargos ilegais pelo credor descaracteriza a mora do devedor. O ato do credor causa a sua inadimplência. (...). Agravo regimental desprovido.
> (STJ, 3ª Turma, AgRg no REsp nº 257.836/RS, Rel. Min. Carlos Alberto Menezes Direito, DJU 24/09/2001).
>
> AGRAVO REGIMENTAL – AÇÃO REVISIONAL – CÉDULA DE CRÉDITO RURAL PIGNORATÍCIA – DESCARACTERIZAÇÃO DA MORA – MULTA MORATÓRIA INDEVIDA – PRECEDENTES – AGRAVO IMPROVIDO.
> (REsp 713.329/RS, Rel. para Acórdão Min. MENEZES DIREITO, j. 23.08.2006, DJU 07.12.2006). No mesmo sentido: AgRg nos EREsp 285331 / RS, relator Ministro Jorge Scartezzini, DJ de 12.2.2007.)

Em relação à capitalização de juros não há referência expressa sobre ela nas normas que norteiam as liberações de recursos de crédito rural, porém tem-se como entendimento no Judiciário que, não havendo disposição expressa no contrato acerca da forma de capitalização de juros, este deve se dar de forma linear, simples, sem composição, ou na forma anual. Além disso, mesmo que seja admitida a capitalização de juros, esta deve estar de forma expressa no contrato. Segue abaixo a Súmula 93 do STJ, que exprime tal deliberação, além de ratificar os dados mencionados, em conjunto com decisões neste mesmo sentido.

> A legislação sobre cédulas de crédito rural, comercial e industrial admite o pacto de capitalização de juros.

CIVIL. DÍVIDA RURAL. CAPITALIZAÇÃO DE JUROS. A LEGISLAÇÃO DE CRÉDITO RURAL DMITE A CAPITALIZAÇÃO DE JUROS, SEGUNDO CONTRATADA (ART. 5. DEC. LEI 167/67). [...] Neste Superior Tribunal de Justiça é firme a orientação no sentido da possibilidade de capitalização de juros, desde que contratada, em casos de dívidas reguladas pelo Decreto-Lei n. 167, de 14 de fevereiro de 1967, tanto quanto naquelas sob o Decreto-Lei n. 413 de 09 de janeiro de 1969, estando a matéria em vias de ser sumulada, daí porque não contrariou o acórdão as disposições legais mencionadas no recurso especial, algumas das quais sequer foram nele cogitadas.

(REsp 26646 RS, Rel. Ministro DIAS TRINDADE, TERCEIRA TURMA, julgado em 22/09/1992, DJ 13/10/1992)

EMBARGOS DO DEVEDOR – CAPITALIZAÇÃO DE JUROS DE MORA NÃO PREVISTA NO ART. 161, § 1º, DO CTN.

1. Inexistência de autorização para capitalização de juros de mora no art. 161, 1º, do CTN.

2. A capitalização de juros tem aplicação restrita às hipóteses autorizadas expressamente por lei, como no caso das cédulas de crédito rural, comercial e industrial (Súmula 93/STJ).

3. Recurso especial conhecido e provido.

(REsp 271.973/RS, Rel. Ministra ELIANA CALMON, SEGUNDA TURMA, julgado em 26/03/2002, DJ 06/05/2002, p. 267)

RECURSO ESPECIAL. EMBARGOS À EXECUÇÃO. CÉDULA DE CRÉDITO RURAL.

JUROS REMUNERATÓRIOS. CAPITALIZAÇÃO. INCIDÊNCIA NA FASE DO INADIMPLEMENTO.

1. Os juros remuneratórios têm como finalidade remunerar o capital disponibilizado pelo mutuante. Em razão disso, incide até o efetivo pagamento da dívida. No caso de inadimplemento, à cobrança dos juros remuneratórios são acrescidos juros moratórios, esses últimos de caráter punitivo pelo atraso no pagamento.

2. No caso das cédulas de crédito rural, é admitida a capitalização dos juros remuneratórios desde que pactuada (súmula 93/STJ).

[...]

(REsp 208.713/SP, Rel. Ministro FERNANDO GONÇALVES, QUARTA TURMA, julgado em 01/10/2009, DJe 26/10/2009)

Visivelmente, o STJ procura padronizar o entendimento sobre proteção do produtor rural e aplicação dos encargos nas operações de crédito rural. No entanto, a própria Súmula 298 entra em conflito com a Súmula 93, tendo em vista que as regras que regulamentam esses recursos no sistema financeiro não preveem formas de capitalização e mesmo assim foi sumulada, consequência esta advinda da notória intervenção política dos bancos. De igual forma, a corte superior procurou proteger o produtor rural pela Súmula 298, consagrando que as repactuações de operações de crédito rural são obrigações dos agentes financeiros e direito do produtor rural.

A aplicação da regra pertinente ao recurso de crédito rural e aplicação do MCR é o objeto de discussão junto às instituições, uma vez que a incidência de capitalização em período superior a 12 meses, seja ela na forma diária, seja ela na forma mensal, eleva o saldo devedor do recurso tomado para patamares muitas vezes impagáveis.

A simples aplicação das resoluções e normativas do BACEN para a matéria já garantem o ganho financeiro do agente repassador do recurso, não sendo necessária a aplicação de capitalização ou qualquer outra cobrança que não esteja regulamentada pelo SNCR. Caso fosse interesse do Conselho Monetário Nacional, ou ainda, do Banco Central, haveria previsão expressa na normativa sobre a capitalização. Tal assertiva consagra a proteção constitucional dada ao produtor rural, uma vez que a taxa subsidiada do recurso financeiro está diretamente vinculada à capacidade de pagamento e de produção do tomador do recurso.

Ademais, está pendente de julgamento decisão de afetação, tema 935, a partir do Recurso Especial nº 1537994, para consolidar o entendimento da Corte Superior sobre os seguintes temas: possibilidade de se determinar à instituição financeira a exibição incidental de contrato bancário no curso de demanda revisional, consequências da recusa de exibição no que tange à capitalização e à taxa de juros remuneratórios, necessidade de prova de erro no pagamento para que seja acolhido o pleito de repetição simples do indébito, possibilidade de compensação do crédito decorrente da procedência da revisional com o débito decorrente do contrato.

> Trata-se de recurso especial interposto por BV FINANCEIRA SA CRÉDITO FINANCIAMENTO E INVESTIMENTO em face de acórdão do Tribunal de Justiça do Estado do Rio Grande do Sul, assim ementado: APELAÇÕES CÍVEIS. AÇÃO REVISIONAL DE CONTRATO DE CÉDULA DE CRÉDITO BANCÁRIO GARANTIDO POR ALIENAÇÃO FIDUCIÁRIA. CAPITALIZAÇÃO DOS JUROS, COMISSÃO DE PERMANÊNCIA, E JUROS MORATÓRIOS. Não sendo atendida, pela parte ré, a determinação de juntar aos autos as cláusulas gerais do contrato celebrado entre as partes, admitem-se como verdadeiros os fatos que o autor pretendia provar, nada podendo ser cobrado a título de capitalização dos juros, comissão de permanência, e juros moratórios. CARÊNCIA DE INTERESSE RECURSAL (MORA, JUROS MORATÓRIOS, MULTA, COMPENSAÇÃO DE VALORES E REPETIÇÃO DO INDÉBITO). Tendo a sentença afastada a mora, limitado os juros moratórios em 1% ao ano e a multa em 2%, e reconhecido a possibilidade da compensação de valores e da repetição do indébito, a parte autora/apelante se apresenta, nestes pontos, carecedor de interesse recursal, impondo-se o não conhecimento do recurso quanto às

matérias. CARÊNCIA DE INTERESSE DE AGIR (TAC E TEC). Carece de interesse de agir a parte autora/apelante, no tocante à declaração de nulidade da cobrança da Taxa de Abertura de Crédito (TAC) e Tarifa de Emissão de Carnê (TEC), diante da ausência de pactuação no contrato, impondo-se o não-conhecimento do recurso nos pontos. IMPOSTO SOBRE OPERAÇÕES FINANCEIRAS. IOF. Inexistência de ilegalidade na cobrança do IOF, em face da previsão legal da sua incidência sobre operações financeiras (Decreto nº 6.306/2007). É lícito o parcelamento do IOF ao financiado (contribuinte), eis que recolhido pela instituição financeira, responsável tributária pela cobrança perante o Tesouro Nacional. Ausência de comprovação do desequilíbrio contratual decorrente de sua cobrança. (REsp nº 1.251.331/RS e nº 1.255.573/RS). TAXA DE JUROS REMUNERATÓRIOS. Não merecem manutenção os juros remuneratórios pactuados em taxa superior à taxa média de mercado apurada pelo Banco Central na data da contratação. MORA. Evidenciadas ilegalidades/abusividades na avença para o período da normalidade contratual, impõe-se o afastamento da mora. CORREÇÃO MONETÁRIA. Não tendo sido pactuada a TR, deve ser mantido o IGP-M como índice de correção monetária, conforme determinado pela sentença, por ser aquele que melhor reflete a desvalorização da moeda no período. COMPENSAÇÃO DE VALORES. É possível a compensação de valores quando se trata de ação revisional, sempre que constatada a cobrança indevida do encargo exigido. Precedente STJ. VEDAÇÃO DA INSCRIÇÃO DO NOME DA PARTE AUTORA EM ÓRGÃOS DE PROTEÇÃO AO CRÉDITO. CONDICIONAMENTO. Deve ser mantida a medida acautelatória do direito da parte autora, concedida em sede de antecipação de tutela, tendo em vista o deferimento da revisão contratual e o afastamento dos efeitos da mora, desde que depositadas, mensalmente, na data do vencimento de cada parcela, as parcelas vencidas e vincendas, com juros estabelecidos na forma do RESP. 1.061.530, e, nas parcelas em atraso, acorrerá o acréscimo do IGP-M. Primeira Apelação Cível parcialmente conhecida e, nesta parte, parcialmente provida. Segunda Apelação Cível parcialmente provida. (fl. 166) Em suas razões, alega a parte recorrente, além de divergência jurisprudencial, violação do art. 4º, inciso IX, da Lei 4.595/64, art. 5º da Medida Provisória 1.963-17/00, arts. 394, 397, 877 do Código Civil, sob os argumentos de: (a) legalidade da capitalização mensal de juros; (b) descabimento da limitação dos juros remuneratórios; (c) descabimento de compensação; (d) descabimento da repetição do indébito sem prova do erro; (e) afastamento da mora. Sem contrarrazões. O recurso especial foi inadmitido na origem, tendo-se dado provimento ao agravo para determinar a reautuação como recurso especial. É o relatório. Tendo em vista a multiplicidade de recursos que ascendem a esta Corte Superior com fundamento em idêntica controvérsia, afeto à SEGUNDA SEÇÃO o julgamento do presente recurso, para, nos termos do art. 543-C do Código de Processo Civil, consolidar do entendimento desta Corte sobre as seguintes questões:- Possibilidade de se determinar à instituição financeira a exibição incidental de contrato bancário no curso de demanda revisional; – Consequências da recusa de exibição no que tange à capitalização e à taxa de juros remuneratórios; – Necessidade de prova de erro no pagamento para que seja acolhido o pleito de repetição simples do indébito; – Possibilidade de compensação do crédito decorrente da procedência da revisional com o débito decorrente do contrato. Oficie-se aos Presidentes dos Tribunais de Justiça e Regionais Federais, com cópia do acórdão recorrido e da petição de interposição do recurso especial, comunicando a instauração deste procedimento especial e determinando a suspensão do processamento dos recursos especiais que versem sobre alguma das questões acima elencadas. Informe-se o Ministro Presidente e os demais Ministros da Segunda Seção. Aguarde-se pelo prazo de 15 (quinze) dias a manifestação de demais órgãos ou entidades com interesse na controvérsia, nos termos do art. 3º, inciso I, da Resolução STJ nº 8/2008, computando-se o prazo após a divulgação deste decisum no site deste Tribunal Superior. Faculta-se à Defensoria Pública da União a oportunidade de se manifestar nos presentes autos, no prazo de quinze dias. Recebidas as manifestações ou decorrido in albis o prazo acima estipulado, abra-se vista ao Ministério Público Federal, pelo prazo de 15 (quinze) dias (cf. art. 543, § 5º, do CPC). Intimem-se. Cumpra-se. Brasília (DF), 22 de junho de 2015. MINISTRO PAULO DE TARSO SANSEVERINO Relator (Ministro PAULO DE TARSO SANSEVERINO, 26/06/2015).

Antes de considerar a comissão de permanência, importante ressaltar a respeito da incidência dos juros moratórios e dos juros remuneratórios,[65] sendo aplicados de forma semelhante. A incidência de juros moratórios decorre do não pagamento do crédito rural no prazo fixado no contrato e externado no título de crédito rural. Por consequência, sua cominação apenas se impõe na ausência de justa causa que impossibilite o devedor de pagar sua dívida.

Visto isso, exigir cláusulas contrárias à própria essência do crédito rural, com correção monetária e juros acima do determinado pelas normas do BACEN para o crédito rural, caracteriza pretensão injustificada do agente financeiro e, por outro lado, recusa justificada do produtor rural, elidindo a pretensão do encargo de juros moratórios.

Em se tratando de comissão de permanência, é pacífico o entendimento do Superior Tribunal de Justiça em afastar a incidência de comissão de permanência nos contratos de crédito rural. Para melhor compreensão, "a comissão de permanência é uma taxa acrescida ao valor principal, devida sempre que houver impontualidade no cumprimento da obrigação pelo devedor. Teria assim, por fun-

---

[65] Neste sentido, COELHO, Fábio Ulhoa. *Contratos*. 5. ed. São Paulo: Saraiva, 2012: "os juros remuneratórios em caso de mútuo podem ou não sujeitar-se a limite legal – depende de quem seja o sujeito mutuante. Se ele for uma instituição financeira (banco), a taxa de juros é regulada pelo Conselho Monetário Nacional (Lei n. 4.595/64, art. 4º, VI e IX), que, desde o início dos anos 1990, não tem estabelecido nenhum limite para ela. Flutuam os juros remuneratórios no mútuo bancário exclusivamente em função da demanda e oferta de crédito. (...). Outro limite que a lei estabelece para os juros remuneratórios nos mútuos civis diz respeito à capitalização, que se autoriza apenas em períodos anuais. Capitalização significa considerar, na base de cálculo dos juros, não somente o valor do objeto emprestado, mas também o dos juros remuneratórios. A capitalização implica o pagamento de juros sobre juros. Para ser legítima, deve ter a periodicidade mínima de um ano. Assim, se pactuado no contrato, o mutuário deve pagar ao mutuante juros remuneratórios calculados sobre base que incorpora, a cada doze meses, os devidos (pagos ou não) ao longo desse período".

damento, o fato de necessitar, a instituição financeira mutante, no período de 'prorrogação forçada' da operação, de uma compensação".⁶⁶ Desta forma, segue o entendimento incontestável:

> CIVIL E PROCESSUAL CIVIL. AGRAVO REGIMENTAL NO RECURSO ESPECIAL. CÉDULA DE CRÉDITO RURAL. RENEGOCIAÇÃO E NÃO NOVAÇÃO DA DÍVIDA ATESTADA PELA CORTE LOCAL. CONTROVÉRSIA DIRIMIDA À LUZ DAS CIRCUNSTÂNCIAS DO CASO CONCRETO. REEXAME. INVIABILIDADE. SÚMULA Nº 7 DO STJ. COMISSÃO DE PERMANÊNCIA. COBRANÇA. IMPOSSIBILIDADE.
>
> 1. Havendo o tribunal local atestado ter havido mera renegociação da dívida, sem alteração substancial no contrato originário, e não novação, modificar tal premissa encontra óbice na Súmula nº 7 do STJ, como dito na decisão agravada.
>
> 2. Conforme jurisprudência consolidada no STJ, nas cédulas de crédito rural, comercial e industrial, não se admite a cobrança de comissão de permanência. Precedentes (AgRg no AREsp 129.689/RS, Rel.
>
> Ministro ANTONIO CARLOS FERREIRA, QUARTA TURMA, julgado em 03/04/2014, DJe 11/04/2014).
>
> 3. Agravo regimental não provido.
>
> (AgRg no REsp 1556250/PB, Rel. Ministro MOURA RIBEIRO, TERCEIRA TURMA, julgado em 04/02/2016, DJe 15/02/2016)

Ainda, como já comentado anteriormente, o direito privado vem sendo ajustado à função social dos contratos,⁶⁷ a "Constitucionalização do Direito Privado",⁶⁸ nos contratos de crédito rural

---

⁶⁶ GUIMARÃES, Paulo Jorge Scartezzini. A comissão de permanência cobrada pelos bancos frente ao Código de Defesa do Consumidor. São Paulo: *Revista dos Tribunais*, n. 781, nov. 2000.

⁶⁷ Neste sentido, NEGREIROS, Teresa. *Teoria do contrato*: novos paradigmas. 2. ed. Rio de Janeiro: Renovar, 2006: "o contrato não deve ser concebido como uma relação jurídica que só interessa às partes contratantes, impermeável às condicionantes sociais que o cercam e que são por ele próprio afetadas" e MARTINS, Samir José Caetano. A onerosidade excessiva no Código Civil: instrumentos de manutenção da justa repartição dos riscos negociais. São Paulo: *Revista de Direito Privado*, v. 31, p. 256-293, jul./set. 2007: "A função social do contrato, que pode ser ilustrada pelo deslocamento do centro de gravidade da proteção jurídica dos pactos da vontade para a utilidade social, exige de cada contratante uma conduta pautada na boa-fé objetiva e pressupõe a observância do equilíbrio econômico entre as prestações das partes, não se admitindo o enriquecimento indevido de uma parte em detrimento da outra".

⁶⁸ Neste sentido, FACCHINI NETO, Eugênio. Reflexões histórico-evolutivas sobre a constitucionalização do direito privado. In: SARLET, Ingo Wolfgang (Org.). *Constituição, direitos fundamentais e direito privado*. 2. ed. Porto Alegre: Livraria do Advogado, 2006. "Com base na *forma* da relação jurídica, distinguem-se relações de *subordinação* entre sujeitos de nível diferente, dos quais um é superior e outro inferior: as relações de direito privado seriam caracterizadas pela igualdade dos sujeitos, e seriam, portanto relações de *coordenação*; as relações de direito público seriam caracterizadas pela desigualdade dos sujeitos, e seriam, portanto relações de subordinação. Com base na *matéria*, porém, que constitui o objeto da relação, distinguem-se os *interesses individuais*, que se referem a uma única pessoa, dos *interesses coletivos*, que se referem à totalidade das pessoas, à coletividade. Levando em conta esta distinção, o

em que a função do crédito é interligada à garantia alimentar, com isso, passou a determinar-se que o agricultor também é consumidor quando adquire algum bem para reutilizá-lo na produção rural. Tais referências encontram-se no acórdão abaixo:

> AGRAVO REGIMENTAL NO AGRAVO EM RECURSO ESPECIAL. RESCISÃO DE CONTRATO RURAL. RECURSO APRECIADO MONOCRATICAMENTE PELO RELATOR. POSSIBILIDADE. DECISÃO. MÁCULA. JULGAMENTO COLEGIADO. SUPERAÇÃO. APLICAÇÃO. CDC. ADMISSIBILIDADE. SÚMULA 297/STJ. COBRANÇA. TAXA. ASSESSORIA TÉCNICA. FALTA DE PREQUESTIONAMENTO. SÚMULA N. 211/STJ. INEXISTÊNCIA. INDICAÇÃO. VIOLAÇÃO. ART. 535 DO CPC. DESCABIMENTO. COMISSÃO DE PERMANÊNCIA. SÚMULA N. 83/STJ. TAXA *DEL CREDERE*. INCIDÊNCIA. SÚMULA 283/STJ. AGRAVO REGIMENTAL IMPROVIDO.
>
> [...]
>
> 2. A jurisprudência desta Corte restou consolidada com a edição da Súmula n. 297/STJ que sedimentou a possibilidade de incidência do Código de Defesa do Consumidor aos contratos bancários.
>
> [...]
>
> 4. A questão do não cabimento da cobrança de comissão de permanência nas cédulas de crédito rural foi decidida em sintonia com a jurisprudência desta Corte, o que atrai a incidência da Súmula n.83/STJ.
>
> 5. Restando inatacado o fundamento da Corte de origem no sentido de que é descabida a cobrança da taxa *del credere* "encargo típico dos contratos de comissão mercantil" e que "não há disposição legal específica que permita tal cobrança", tem incidência a Súmula n. 283/STF.
>
> 6. Agravo regimental improvido.
>
> (AgRg no AREsp 780.531/BA, Rel. Ministro MARCO AURÉLIO BELLIZZE, TERCEIRA TURMA, julgado em 10/03/2016, DJe 01/04/2016)

Portanto, tem-se que o banco é considerado fornecedor, com uma relação de consumo atinente entre o produtor rural e o agente financeiro. A Súmula do STJ 297 elucida tal fato ao emitir que: "O

---

direito privado seria caracterizado pela proteção que oferece aos interesses privados e o direito público pela proteção oferecida aos interesses coletivos. (...) também o direito privado se desloca em direção ao público, como se percebe na elaboração da categoria dos interesses e direitos coletivos e difusos (metaindividuais ou supraindividuais), mas igualmente na funcionalização de inúmeros institutos típicos do direito privados, como é o caso do reconhecimento da função social da propriedade (...). Isso decorre do fato de que no Estado Social as autoridades públicas não se preocupam apenas com a defesa das fronteiras, segurança externa e ordem interna, mas passam a intervir de forma penetrante o processo econômico, quer de forma direta, assumindo a gestão de determinados serviços sociais (transportes, serviços médicos, assistência social, educação, etc.), quer de forma indireta, através da disciplina de relações privadas relacionadas ao comércio (*v.g.*, disciplina de preços, do crédito, do setor de seguros, das atividades bancárias, etc.), além de outras relações intersubjetivas que uma vez eram deixadas à autonomia privada (como a disciplina dos aluguéis, seus reajustes, renovação dos contratos, relações de consumo, etc.)".

código de Defesa do Consumidor é aplicável às instituições financeiras". Tanto é assim, que a conhecida "ADIn dos Bancos" ou ADI nº 2.591/DF do STF determinou a aplicação do CDC às relações entre bancos e consumidores.[69]

Passaremos agora às decisões dos principais tribunais regionais referente ao crédito rural brasileiro.

4.2. O posicionamento do Tribunal de Justiça do Rio Grande do Sul sobre o Crédito Rural

Iniciamos a análise do Tribunal de Justiça do Rio Grande do Sul a partir de uma ementa que sintetiza os acórdãos decididos pelo STJ. A ementa a seguir menciona as Súmulas 286 e 297 do STJ, a aplicação do Código de Defesa do Consumidor ao Crédito Rural, a especificidade da capitalização de juros e da comissão de permanência.

> APELAÇÃO CÍVEL. EMBARGOS À EXECUÇÃO. NEGÓCIOS JURÍDICOS BANCÁRIOS. CÉDULA RURAL PIGNORATÍCIA. PRELIMINAR. CARÊNCIA DE AÇÃO: Não há falar em carência de ação da parte autora, porquanto lhe é lícita a discussão

---

[69] "O que resultou da ação direta de inconstitucionalidade n. 2.591/DF, interposta pela Confederação nacional das Instituições Financeiras (CONSIF) alegando inconstitucionalidade formal e material da parte do artigo 3º, § 2º, do CDC, na parte que refere na definição de serviço objeto da relação de consumo os *serviços bancários, financeiros, de crédito e securitários*, foi decisão do STF de improcedência da ação, em favor da plena constitucionalidade do art. 3º, § 2º, do Código de Defesa do Consumidor, decisão orientada pelo caráter jusfundamental da defesa do consumidor no direito brasileiro. São dois os principais aspectos de transcendência desta decisão. O primeiro é o aspecto formal, sistemático, valorativo e institucional desta decisão do STF, que afirmou a nova garantia institucional do Direito do Consumidor. Em outras palavras, o STF reconheceu que o Direito do Consumidor, e o Código de Defesa do Consumidor, em virtude de sua origem constitucional, é parte integrante e essencial deste novo sistema de Direito Privado *sui generis* brasileiro, formado necessariamente pela coexistência coerente e em diálogo de várias fontes legislativas de Direito Privado (CDC, Código Civil e leis do Sistema financeiro e securitário) sob a luz e orientação do sistema de valores da Constituição. O segundo aspecto da transcendência desta decisão é substantivo, sistemático, valorativo e eficacial, referindo-se a um aspecto importante de constitucionalização do direito dos contratos, no caso dos contratos bancários, financeiros, de crédito e securitários ou relações de consumo que envolvem direitos humanos ou fundamentais do contraste ao mais fraco, o consumidor, que é a análise do efeito horizontal (ou entre dois contratantes privados) das garantias constitucionais ou dos direitos fundamentais nas relações privadas, conhecido sob a expressão alemã *Drittwirkung* no Direito do Consumidor constitucionalizado. Trata-se de uma decisão, que *se constituirá numa pedra fundamental na história do Direito Privado*, constituindo um passo significativo e profundo na chamada "constitucionalização do Direito Privado", em um Brasil que a tradição constitucional impediu por Súmulas, o exame aprofundado do diálogo entre o Direito Constitucional e o novo direito Privado, ao recuar-se o STF a examinar as chamadas violações indiretas da Constituição". MARQUES, Cláudia Lima; BENJAMIN, Antônio Herman V.; MIRAGEM, Bruno. *Comentários ao Código de Defesa do Consumidor*. 3. ed. rev., atual. e ampl. São Paulo: Revista dos Tribunais, 2010.

judicial de cláusulas contratuais firmadas em contrato de adesão, ainda que tenha tido plena liberdade de escolha entre realizar ou não a contratação. Há possibilidade de revisar contratos mesmos que voluntariamente firmados, diante da adesividade. ILIQUIDEZ CONTRATO. ANÁLISE CONTRATOS ANTERIORES: A Cédula Rural Pignoratícia é título executivo extrajudicial, pois liquido e exigível. Não há razão para revisar eventuais negócios jurídicos praticados entre as partes, os quais supostamente teriam originado o contrato em discussão, quando não há comprovação mínima acerca de eventual renegociação da dívida. POSSIBILIDADE DE REVISÃO: A Súmula 286 do STJ admite a revisão dos contratos bancários, diante da eventual ilegalidade e mesmo que não derive de uma relação continuativa. CÓDIGO DE DEFESA DO CONSUMIDOR E CONTRATO DE ADESÃO: Às pessoas físicas, aplica-se o Código de Defesa do Consumidor aos negócios jurídicos firmados entre os agentes econômicos, as instituições financeiras e os usuários de seus produtos e serviços (Enunciado nº 297 da Súmula do STJ). Não há nulidade por se tratar de contrato de adesão. DA ILEGALIDADE DOS JUROS REMUNERATÓRIOS: Os juros remuneratórios, nos contratos de crédito rural, não podem ser superiores a 12% ao ano, conforme o Decreto-Lei nº 167/67. Sentença mantida. CAPITALIZAÇÃO DE JUROS: A sentença não apreciou questão relativa a capitalização de juros, eis que isso sequer integrou o pedido lançada na peça inicial. Recurso do embargado não conhecido, no ponto. COMISSÃO DE PERMANÊNCIA: Permitida, desde que não cumulada com correção monetária e demais encargos moratórios e remuneratórios. O montante exigido como comissão de permanência não poderá ser superior à soma dos encargos moratórios e remuneratórios previstos na avença (REsp. nº 1.058.114/RS). Não incidente a comissão de permanência, viável, no caso, a cobrança de juros moratórios de 1% ao ano, multa de 2%. [...] NEGARAM PROVIMENTO AO APELO DO EMBARGANTE. DERAM PARCIAL PROVIMENTO AO APELO DO EMBARGADO, NA PARTE CONHECIDA. (Apelação Cível nº 70066149469, Décima Nona Câmara Cível, Tribunal de Justiça do RS, Relator: Eduard).

Além disso, confirma-se a aplicação do CDC aos negócios jurídicos bancários, com uma importância particular a possibilidade de manutenção contratual a partir da análise do artigo 6º, V, do microssistema.[70]

Importante notar em ementa abaixo o entendimento cometido reiteradamente nos tribunais de justiça dos estados em que a cédula de crédito rural é entendida como uma cédula geral, adentrando nas especificidades do crédito industrial e comercial, o que se mostra errôneo especificamente a respeito da capitalização de juros, já que há regras específicas para o crédito rural, ainda de cer-

---

[70] Art. 6º São direitos básicos do consumidor: V – a modificação das cláusulas contratuais que estabeleçam prestações desproporcionais ou sua revisão em razão de fatos supervenientes que as tornem excessivamente onerosas. BRASIL. Lei 8.078, de 11 de setembro de 1990. *Código de Defesa do Consumidor*. Disponível em: <https://www.planalto.gov.br/ccivil_03/Leis/L8078.htm>. Acesso em: 08 nov. 2016.

ta forma desconsideradas pelos agentes financeiros e pelo próprio Judiciário.

APELAÇÃO CÍVEL. NEGÓCIOS JURÍDICOS BANCÁRIOS. EMBARGOS À EXECUÇÃO. REVISÃO CONTRATUAL. 1. Aplicabilidade do CDC e possibilidade de revisão contratual: a pretensão de ver revisadas as cláusulas de contratos entabulados perante instituições financeiras encontra amparo em nosso ordenamento jurídico, especialmente no Código de Defesa do Consumidor. Aliás, as relações negociais celebradas entre correntistas e bancos devem ser examinadas à luz da lei consumerista, conforme entendimento pacificado no Superior Tribunal de Justiça, nos termos da Súmula nº 297 exarado pela Corte Superior. 2. Capitalização de juros: em se tratando de cédula de crédito comercial, rural ou industrial, possível a cobrança da capitalização na modalidade semestral, consoante legislação específica. A capitalização mensal é admitida, caso expressamente pactuada. Precedentes desta Câmara. 3. Juros remuneratórios: em relação às cédulas de crédito rural, industrial e comercial, a menos que haja autorização do Conselho Monetário Nacional, os juros remuneratórios devem ser limitados a 12% ao ano. 4. Caracterização da mora: a caracterização da mora está relacionada à revisão dos encargos incidentes no período da normalidade contratual. 5. Multa moratória: conforme estabelece o artigo 71 do Decreto-lei n. 167/67, cabível, em caso de inadimplemento, a cobrança de multa moratória no percentual de 10%. Recursos parcialmente providos. (Apelação Cível nº 70063345235, Décima Segunda Câmara Cível, Tribunal de Justiça do RS, Relator: Umberto Guaspari Sudbrack, Julgado em 24/09/2015).

Um dos entendimentos mais exemplares em relação ao crédito rural foi proferido pelo juiz de direito Carlos Afonço Bierhals ao analisar o caso entre a aplicação das regras do BACEN a um produtor rural contra agente financeiro, em que propriamente leciona sobre a matéria de forma assertiva àquele que desenvolve atividade de interesse público, demonstrando claramente a vinculatividade da norma destinada ao regramento do recurso tomado pelo produtor rural.

Referente a sua decisão, importante ressaltar que a instituição bancária deixou de observar determinações instituídas pelo BACEN, impondo aos produtores rurais taxas de juros superiores ao aceitável a eles, além de não respeitar a natureza especial que os contratos de crédito rural possuem. Afirma que houve inobservância por parte da instituição financeira com relação aos limites impostos aos créditos de natureza agrícola, ainda que somente em parte dos contratos.

Além disso, deixa claro que o agente financeiro em questão não respeitou o sistema específico do crédito rural, haja vista que os últimos financiamentos firmados entre as partes foram pactuados como se fossem créditos gerais e, portanto, com taxas de juros consideravelmente superiores às específicas do crédito rural.[71]

[71] A partir da Decisão Interlocutória do processo nº 006/1.15.0004855-3 da 1ª Vara Cível da Comarca de Cachoeira do Sul, compreendemos o funcionamento correto das ações de reenquadramento de crédito rural, visando à adequação das melhores condições ao produtor rural. Neste sentido, integralidade da decisão: "Vistos. Custas pagas. Cuida-se de ação ordinária por meio da qual os Autores buscam o reenquadramento de créditos rurais, aduzindo inúmeros inconformismos nos financiamentos autorizados pela Requerida. Segundo referem, a Cooperativa Ré acabou por deixar de observar determinações exaradas pelo Banco Central, impondo aos Autores taxa de juros superior ao aceitável, além de relegar a natureza rural de alguns contratos, o que exige a redução dos encargos. Dessa feita, buscam em caráter liminar a suspensão dos atos executórios atinentes à garantia dada por intermédio da Cédula de Crédito Bancário nº B40234464-0, entre outras pretensões. É o sucinto relato. Decido. Analisando os autos em sede de cognição sumária, especialmente a documentação aportada à inicial, tenho que merece amparo a irresignação manifestada pelos Autores. Conforme comprovam os documentos de fls. 271/349 depreende-se com clareza que a partir do ano de 2011 as partes firmaram inúmeros financiamentos, a maioria deles com natureza rural. Em tal período já se encontrava vigendo a Resolução nº 4.161 do Banco Central do Brasil, direcionada especificamente aos produtores de arroz. Da leitura de cada uma das cédulas, verifica-se que algumas são omissas quanto à cultura facilitada com a concessão do financiamento, ao passo que outras esclarecem especificamente sua referência ao plantio de arroz (fls. 310/316, 318/331). Todavia, deve-se ter em mente, que se um dos argumentos dos Autores é justamente a descaracterização dos contratos como sendo de natureza rural, não haveria como depreender que nas referidas cédulas poderia existir menção à cultura beneficiada. No entanto, isso somente poderá ser discutido posteriormente, na instrução do feito. De qualquer forma, tomando como exemplo as Cédulas nº B40233687-7 e B40234464-0, constata-se que a primeira foi pactuada com a incidência de juros anuais no percentual de 6,75%, ao passo que a segunda contou com encargos na monta de 5,5%. Assim, considerando que a Resolução suprarreferida estabelece que os encargos deveriam ser limitados ao percentual de 5,5%, ao que tudo indica, houve inobservância por parte da instituição financeira com relação aos limites impostos aos créditos de natureza agrícola, ainda que somente em parte dos contratos. Vale destacar, a existência de caso de juros ainda mais altos, podendo ser citada a Cédula Rural nº B40231210-2 (taxa anual de 72,32%), aportada às fls. 290/294. E essa situação somente se agrava, caso considerada a hipótese de que realmente pode ter sido inobservado o sistema específico do crédito rural, haja vista que os últimos financiamentos firmados foram pactuados como se fossem créditos gerais e, portanto, com taxas de juros consideravelmente superiores às específicas do crédito rural. Portanto, tendo em vista a proximidade dos atos de expropriação do imóvel dado como garantia na Cédula de Crédito nº B40234464-0, somado à disponibilidade dos Autores de depositar anualmente o valor da dívida que julgam incontroverso e a inegável garantia dos créditos em comento, traduzida justamente pelo imóvel que se encontra na iminência de ser leiloado, tenho que a pretensão dos Autores se amolda ao disposto no artigo 300 do Código de Processo Civil. Entendo que a tutela de urgência resta evidenciada pela grande probabilidade de que os Autores venham a perder o bem dado em garantia, somado à probabilidade, ou ao menos aos fortes indícios de que, em parcela dos contratos entabuladas entre as partes, não houve a observância das normas legais pertinentes, aqui entendidas em sua natureza *lato sensu*. Por outro lado, inviável que a proibição de cadastramento nos órgãos de restrição ao crédito atinja eventuais avalistas que não fazem parte do feito. Da mesma forma, tenho por inviável a proibição de acesso ao Judiciário, pelo que descabe ordem de proibição de eventual medida executiva. Portanto, DEFIRO o pedido de antecipação de tutela, para o fim de: a) suspender os atos executórios contra o patrimônio dos Autores na seara administrativa, em especial o leilão do imóvel descrito no lote 01, marcado para o dia 13/05/16. b) proibir a Requerida de incluir o nome dos autores em cadastros restritivos de crédito ou, se assim já o fizeram, determino a retirada em 05 dias, pena de multa diária e R$ 500,00 consolidável em 60 dias; c) autorizar o depósito judicial do montante incontroverso, conforme postulado na inicial, traduzindo-se tal proceder como condição para a manutenção da medida liminar, considerando que o pagamento pelo prazo de 10 (dez) anos encontra-se previsto no inciso IV, do artigo 1º, da Resolução

Reitera-se que diversas vezes o crédito que fomenta o agronegócio brasileiro sofreu com pactuação de juros exorbitantes que oneraram o produtor tratando a matéria como um crédito pessoal e, portanto, com taxas de juros superiores às especificações do crédito rural determinadas pelo SNRC.

Além disso, ocorre reiteradamente nas ações de reenquadramento a afirmação de que somente o agente financeiro poderia demonstrar a necessidade de uma revisão contratual. No entanto, na decisão exemplar e na norma contida na Súmula nº 297 do STJ demonstra-se que somente os produtores podem comprovar a destinação dos valores e, portanto, a necessidade de uma revisão e por fim a um reenquadramento às normas do crédito rural.

4.3. O posicionamento do Tribunal de Justiça de Goiás sobre o Crédito Rural no Brasil

A base da economia de Goiás é a agricultura, a pecuária e a agroindústria, sendo um dos estados que mais se beneficia com o crédito rural. De acordo com o Instituto Mauro Borges, o Estado de Goiás tem o primeiro lugar em produção nacional de sorgo e terceiro lugar nacional em produção de soja, milho, cana-de-açúcar e algodão,[72] sendo assim, o Tribunal de Justiça do Estado não poderia se esquivar de decidir sobre tal tema.

Quando nos deparamos com a não aplicação das normas do BACEN, há um entendimento pacífico no sentido de que os estabe-

---

nº 4.161 do Banco Central. Doutro giro, inverto o ônus da prova parcialmente, apenas quanto à necessidade de juntada dos contratos entabulados e extratos bancários correspondentes, considerando o disposto no artigo 6º, VIII, do Código de Defesa do Consumidor e a orientação contida da Súmula nº 297 do Código de Defesa do Consumidor, haja vista que o ônus de comprovar a necessidade de reenquadramento como crédito rural não pode ser transposto para a instituição financeira, sob pena de impor a produção de prova impossível, já que, logicamente, somente os Autores podem comprovar a destinação dos valores auferidos. Por oportuno, esclareço que a regularidade de todos os encargos e demais cláusulas apontadas será analisada quando do julgamento do feito. Destaco, também, que dispenso a realização da audiência de conciliação estabelecida pelos artigos 303, II e 334, ambos do Código de Processo Civil, por não vislumbrar qualquer possibilidade de acordo na atual fase do feito. Entrementes, se as partes desejarem o contrário, podem vir a Juízo e manifestar sua pretensão, oportunidade em que o ato será aprazado. Cite-se a parte requerida para contestar o pedido, querendo, no prazo legal, bem como trazer aos autos os contratos entabulados entre as partes e extratos correspondentes, sob pena de aplicação do art. 400, do CPC. Apresentada a contestação ou não, intime-se a parte autora para réplica. Por fim, intimem-se as partes para que digam quais provas pretendem produzir, justificando sua necessidade, ficando cientes de que deverão ratificar eventuais requerimentos apresentados em sede inicial ou de réplica. Intime(m)-se".

[72]IMB. *Perfil socioeconômico do Estado de Goiás*. Disponível em: <http://www.imb.go.gov.br/perfilweb/perfil_bde.asp>. Acesso em: 08 nov. 2016.

lecimentos bancários sejam impedidos de estabelecer taxas de juros incompatíveis com o crédito oferecido, devendo ser revisados os contratos para que onde constem taxas de juros superiores ao limite pactuado, sejam limitados, no caso, ao menor valor de taxas de juros na sucessão de contratos ou a taxa média do mercado disponibilizada pelo Banco Central.

Não foi diferente o entendimento pela Desembargadora Maria das Graças Carneiro Requi, que em seu voto afirma: "extrai-se dos autos que a pretensão aqui deduzida funda-se no inconformismo dos agravantes contra o ato judicial que conheceu da apelação cível por si interposta, e lhe deu parcial provimento para, em reforma a sentença atacada, reconhecer a ilegalidade da multa e dos juros moratórios previstos no contrato, determinando, por conseguinte, a redução destes encargos ao percentual de 2% (dois por cento) sobre o valor do débito, no primeiro caso, e 1% (um por cento) ao ano, no segundo, capitalizados anualmente". Segue abaixo ementa da decisão prolatada:

> PROCESSO CIVIL. AGRAVO REGIMENTAL CONTRA DECISÃO MONOCRÁTICA PROFERIDA EM APELAÇÃO CÍVEL. EMBARGOS À EXECUÇÃO. CÉDULA DE CRÉDITO RURAL. JULGAMENTO ANTECIPADO DA LIDE. AGRAVO RETIDO. CONHECIDO E IMPROVIDO. PENHORA LEGAL. JUROS DE MORA PACTUADOS NA CÉDULA. MULTA MORATÓRIA. REDUÇÃO PARA 2%. POSSIBILIDADE. COMPENSAÇÃO DE DÉBITOS COM COTAS DO CAPITAL SOCIAL DA COOPERATIVA. INVIABILIDADE. PREQUESTIONAMENTO. ÔNUS SUCUMBENCIAIS. MANTIDO. INEXISTÊNCIA DE FATOS NOVOS. 1. Não há nulidade no julgamento antecipado da lide quando a prova pretendida mostra-se inútil ao fim almejado. Faculdade do Juiz de dispensar a produção de prova inútil ou meramente protelatória. Art. 130 do Código de Processo Civil. Por tais razões, entendo que o agravo retido não merece provimento. 2. Não contendo nos autos qualquer elemento de prova suficiente a demonstrar "prejuízo" do imóvel penhorado, a decisão deve ser mantida, ainda mais que obedecido o preconizado no artigo 655, do Código de Processo Civil, onde trata da ordem legal para a penhora de bens em ação executiva. 3. A taxa de juros em caso de mora, poderá ser elevada no máximo a 1% a.a., nos termos do parágrafo único do artigo 5º do Decreto-Lei n. 167/67. Da mesma sorte, a capitalização desses juros somente poderá ser feita de forma anual. 4. A cobrança da multa moratória na alíquota de 10% só poderá ser mantida para contratos firmados antes da vigência da Lei 9.298/96, que alterou o CDC, merecendo, no caso dos autos, ser firmada a redução de 2%. Incidência da Súmula 285, STJ. 5. Embora seja possível a compensação do saldo devedor do cooperado com o capital a ser-lhe restituído em razão do seu desligamento da Cooperativa, tal só será possível se preenchidos os requisitos do art. 369 do Código Civil, ou seja, que as dívidas a serem compensadas tragam os atributos da liquidez, exigibilidade e que sejam de coisas fungíveis. E, no caso, o crédito dos apelantes não se reveste desses atributos. 6. Para fins de prequestionamento, desnecessária, pois, a análise individual dos artigos de lei trazidos pelos executados/apelantes vez que o Poder

Judiciário não traz consigo a atribuição de órgão consultivo. 7. Ante a sucumbência requerida, mantenho-a na forma da sentença fustigada, uma vez que os apelantes decaíram em parte mínima do pedido. 8. É medida imperativa o desprovimento do Agravo Regimental que não traz em suas razões qualquer novo argumento que justifique a modificação da decisão agravada. AGRAVO REGIMENTAL CONHECIDO, MAS IMPROVIDO.
(TJGO, APELAÇÃO CÍVEL 88332-50.2007.8.09.0137, Rel. DR(A). CARLOS ROBERTO FAVARO, 1A CÂMARA CÍVEL, julgado em 20/10/2015, DJe 1921, de 01/12/2015)

Denota-se que nas reiteradas decisões dos tribunais de justiça regionais, pouco se vê, no teor das decisões, a exigência de aplicação das regras do SNCR. Caso haja uma normativa que regulamenta a liberação de determinado recurso com fim específico à atividade agrícola, então não é plausível que a análise das taxas exigidas pelo agente financeiro sejam definidas de forma contrária em decisão judicial. Ao caso concreto, aplica-se novamente o entendimento firmado no que diz respeito à capitalização e demais encargos.

AGRAVO REGIMENTAL NA APELAÇÃO CÍVEL. AÇÃO DE REPETIÇÃO DE INDÉBITO. CÉDULAS DE CRÉDITO RURAL. JUROS REMUNERATÓRIOS. INDEVIDOS. AUSÊNCIA DE FATO NOVO. 1. Descabe a aplicação dos mesmos encargos contratuais considerados abusivos para a repetição do indébito, sob pena de malferir a vedação ao enriquecimento ilícito e perpetuar uma situação de desigualdade entre as partes contratantes. *In casu*, deve ser mantida a sentença que afasta a aplicação de juros remuneratórios e sua capitalização, pois tais encargos são cobrados na vigência do contrato, equivalendo a remuneração do capital. 2. Se a parte agravante não traz argumento suficiente para acarretar a modificação da linha de raciocínio adotada na decisão monocrática, impõe-se o desprovimento do agravo regimental, porquanto interposto sem elementos novos capazes de desconstituir o decisum recorrido. RECURSO CONHECIDO E IMPROVIDO.
(TJGO, APELAÇÃO CÍVEL 92472-42.2010.8.09.0002, Rel. DESA. MARIA DAS GRACAS CARNEIRO REQUI, 1ª CÂMARA CÍVEL, julgado em 16/02/2016, DJe 1980, de 02/03/2016).

Ainda, regularmente os limites da legalidade no crédito rural brasileiro nem sempre são respeitados. Os contratos no Brasil frequentemente são do tipo de adesão, ou seja, de cláusulas fechadas, em que se completam apenas alguns campos de identificação do mutuário, estabelecendo não só encargos legais, mas também criando novos encargos que acabam diversas vezes no Judiciário, tendo que manifestar sobre sua legalidade, como o caso da comissão de permanência, taxas de abertura ou análise de crédito, correção monetária, encargos estes criados muitas vezes em desfavor do consumidor.

APELAÇÃO CÍVEL. AÇÃO REVISIONAL. FINAME AGRÍCOLA MODERFROTA. CÓDIGO DE DEFESA DO CONSUMIDOR. APLICABILIDADE. JUROS REMUNERATÓRIOS. LIMITAÇÃO INDEVIDA. CAPITALIZAÇÃO MENSAL DE JUROS. POSSIBILIDADE. TJLP. SÚMULA 288 DO STJ. TARIFA DE ABERTURA DE CRÉDITO. COBRANÇA LEGÍTIMA. ALONGAMENTO DA DÍVIDA. REQUISITOS AUSENTES. LIMINAR DE BUSCA E APREENSÃO. MORA CARACTERIZADA. SENTENÇA PARCIALMENTE REFORMADA. 1. Aplica-se o Código de Defesa do Consumidor aos contratos firmados entre instituições financeiras e agricultor, pessoa física, ainda que para viabilizar o seu trabalho como produtor rural. 2. O Conselho Monetário Nacional, por meio da Resolução nº 3.146/2003 estipulou o patamar de juros aplicáveis às operações financeiras de crédito rural no âmbito do Finame Agrícola, afastando o teto de 12% (doze por cento) ao ano. 3. Nos termos do enunciado 93 da Súmula do STJ, nos contratos de crédito rural, admite-se a pactuação de cláusula que preveja a capitalização mensal dos juros. 4. A utilização da TJLP (Taxa de Juros de Longo Prazo) como índice de correção monetária nos contratos bancários é pacificamente aceita pela jurisprudência pátria, a teor do verbete sumular 288 do Superior Tribunal de Justiça. 5. É legítima a cobrança da Tarifa de Abertura de Crédito para os pactos anteriores à vigência da Resolução nº 3.518/2007 do CMN (30/04/2008). 6. O alongamento da dívida em contratos da espécie só pode ser concedido se evidenciadas as circunstâncias autorizadoras, nos termos das Resoluções nº 3.269/2005 e 3.275/2005 do Bacen e do Manual do Crédito Rural, todavia, apelante não demonstrou o preenchimento concreto e efetivo das condicionantes estampadas pela disciplina respectiva. 7. Atendida a revisão e modificação das cláusulas contratuais reconhecidamente abusivas dos contratos em análise, exclusivamente quanto aos encargos incidentes no período da inadimplência, é de se ver que a mora não restou manifestamente descaracterizada, não subsistindo impedimento para o acolhimento da liminar deferida, nos termos do art. 3º, *caput*, do Decreto-Lei 911/69. APELAÇÃO CONHECIDA E PARCIALMENTE PROVIDA.
(TJGO, APELAÇÃO CÍVEL 486173-86.2009.8.09.0141, Rel. DES. KISLEU DIAS MACIEL FILHO, 4ª CÂMARA CÍVEL, julgado em 02/06/2016, DJe 2059, de 01/07/2016)

Partiremos agora para a análise jurisprudencial do Tribunal de Justiça do Distrito Federal, outro importante Tribunal com as principais decisões relacionadas ao crédito rural no Brasil.

4.4. O posicionamento do Tribunal de Justiça do Distrito Federal e dos Territórios sobre o Crédito Rural no Brasil

O processo judicial que contempla as análises referentes aos recursos de fomento à agricultura não podem ater-se tão somente às regras do sistema financeiro, visto que fazem parte de uma política para fim específico da garantia alimentar; portanto, a demanda judicial que visa ao reenquadramento do crédito rural deve também contemplar em sua carga probatória as questões fáticas devidamente documentadas que levam o produtor rural à necessidade de judicializar a controvérsia.

Neste sentido, a instrução probatória das demandas que envolvem referida matéria deve ser de cognição profunda, ou seja, com uma maior amplitude probatória, já que é imprescindível a demonstração e a aplicação do MCR. Esta matéria jamais poderá ser julgada como matéria meramente de direito, pois se assim for, estará sendo ferida a proteção constitucional do produtor rural. O contrato objeto de repasse do recurso de crédito rural, assinado entre agente financeiro e agricultor, é meramente um instrumento de condução do recurso que tem como maior objetivo a garantia alimentar, sendo inequívoca a sua função social.

É evidente que o Código de Defesa do Consumidor, no §2º de seu artigo 3º, aponta, entre outras, as atividades típicas de instituições financeiras como "serviço". Ora, os agentes financeiros que pactuam o crédito rural consideram-se como fornecedores, sendo inegável também a presença da relação de consumo quando estamos diante de contratos que envolvem o crédito rural.

EMBARGOS À EXECUÇÃO – EXECUÇÃO DE TÍTULO EXTRAJUDICIAL – CÉDULA DE CRÉDITO RURAL PIGNORATÍCIA – PRELIMINARES – INEXIGIBILIDADE E ILIQUIDEZ DO TÍTULO – REJEIÇÃO – MORA – AUSÊNCIA DE NOTIFICAÇÃO – PRESCINDIBILIDADE- SECURITIZAÇÃO DA DÍVIDA – AUSENCIA DE COMPROVAÇÃO DOS REQUISITOS – CDC – APLICABILIDADE – LIMITAÇÃO DE JUROS /CAPITALIZAÇÃO MENSAL DE JUROS – POSSIBILIDADE – TJLP – LEGALIDADE – COMISSÃO DE PERMANÊNCIA – NÃO PREVISÃO DE INCIDÊNCIA – DECRETO-LEI 167/67 – SENTENÇA REFORMADA.

1. No presente caso, afigura-se perfeitamente aplicável o Código de Defesa do Consumidor, com a consequente mitigação do princípio pacta sunt servanda, o que, à toda evidência, não representa qualquer violação ao artigo 5º, XXXVI da Constituição Federal (ato jurídico perfeito).

2. Em conformidade com o Decreto-Lei n. 167/67, importa vencimento de cédula de crédito rural independentemente de aviso ou interpelação judicial ou extrajudicial, a inadimplência de qualquer obrigação convencional ou legal do emitente do título.

3. Se o débito exequendo encontra-se devidamente demonstrado por meio da planilha acostada pelo embargado, não se pode falar em nulidade do título por ausência de demonstrativo que discrimina a evolução dos lançamentos.

4. Nos termos da Súmula nº 298/STJ, "o alongamento de dívida originada de crédito rural não constitui faculdade da instituição financeira, mas, direito do devedor nos termos da lei", mas a renegociação somente será obrigatória se forem atendidos os requisitos legais. Precedentes/STJ.

[...]

6. O Decreto-Lei 167/67 já prevê a incidência de encargos para os casos de inadimplência, sendo ilegal qualquer outro tipo de encargo adicional, tal qual a comissão de permanência, que possa representar sobreposição à determinação das regras que regem a espécie.

7. A jurisprudência do STJ é pacífica quanto à possibilidade da capitalização mensal de juros nas cédulas rurais, quando pactuada, hipótese esta verificada nos autos.

8. Recursos conhecidos. Rejeitadas as preliminares. Recurso do Embargante parcialmente provido; Recurso do Banco embargado parcialmente provido.

(Acórdão n.315421, 20020110007947APC, Relator: HUMBERTO ADJUTO ULHÔA, Revisor: ALFEU MACHADO, 3ª Turma Cível, Data de Julgamento: 23/07/2008, Publicado no DJE: 01/08/2008. p. 34).

Corroborando ao que viemos expondo, em relação à condição do produtor rural na direção dos estabelecimentos agropecuários segundo o nível de escolaridade tem-se que, de acordo com o último Censo Agropecuário do Brasil, o grupo que prevalece é o de ensino fundamental incompleto (42,5%), seguido pelo grupo de produtores que não sabem ler e nem escrever (39,7%),[73] demonstrando com isso a sua vulnerabilidade, sendo, portanto, merecedor de especial proteção estatal.

CIVIL. PROCESSUAL CIVIL. EMBARGOS À EXECUÇÃO. CÉDULA DE CRÉDITO RURAL. INAPLICABILIDADE DO CDC. EXIGIBILIDADE DO TÍTULO EXECUTIVO. CONSOLIDAÇÃO DA DÍVIDA EM DATA POSTERIOR A 1º DE JANEIRO DE 2010. NÃO OBRIGATORIEDADE DE CONCESSÃO DA PRORROGAÇÃO DE QUE TRATA A LEI Nº 11.775/08. COBRANÇA DE COMISSÃO DE PERMANÊNCIA. DESCABIMENTO. INEXISTÊNCIA DE PREVISÃO LEGAL. CAPITALIZAÇÃO MENSAL. POSSIBILIDADE. PACTUAÇÃO EXPRESSA. JUROS REMUNERATÓRIOS. OMISSÃO REGULAMENTAR DO CONSELHO MONETÁRIO NACIONAL. INCIDÊNCIA DA LIMITAÇÃO A DOZE POR CENTO AO ANO, PREVISTA NA LEI DA USURA. VERBA HONORÁRIA. ARBITRAMENTO EM VALOR FIXO. POSSIBILIDADE.

1. Quando o produtor rural adquire, por meio de cédula de crédito rural, numerário para investimento na atividade agropecuária, não se insere no conceito de destinatário final, pois se encontra na posição de adquirente de serviços que podem ser caracterizados como insumo, isto é, como fator de produção. Portanto, em situações tais, não incidem às disposições protetivas do Código de Defesa do Consumidor – salvo situação de vulnerabilidade. Precedentes da Corte.

2. Inexistindo referência à consolidação de dívida anteriormente contraída, é inaplicável o disposto da Lei nº 11.775/08, que prevê que somente serão enquadrados nos descontos os devedores que tiverem o saldo devedor apurado em 1º de janeiro

---

[73] IBGE. *Censo agropecuário 2006* – Brasil, Grandes Regiões e Unidades da Federação. Disponível em: <http://biblioteca.ibge.gov.br/visualizacao/livros/liv61914.pdf>. Acesso em: 18 out. 2016.

de 2010, ou seja, de montante devido em razão de empréstimo efetivado em anos anteriores.

3. Sendo o contrato avençado em termo anterior – tendo a renegociação sido efetuada no ano de 2011 – encontra-se fora do prazo e dos termos que a legislação determinou como requisitos à concessão de desconto e facilitação de pagamento.

4. De acordo com a disposição constante no Manual de Crédito Rural, elaborado pelo Conselho Monetário Nacional, conforme competência que lhe foi atribuída pelo art. 14 da Lei nº 4.829/65, é possível a prorrogação da dívida relativa à cédula rural, com os mesmos encargos financeiros antes pactuados no instrumento de crédito, desde que se comprove incapacidade de pagamento do mutuário, em consequência de: a) dificuldade de comercialização dos produtos; b) frustração de safras, por fatores adversos; c) ou eventuais ocorrências prejudiciais ao desenvolvimento das explorações. (Acórdão n.530689, 20110020114672AGI, Relator: JOÃO EGMONT, 5ª Turma Cível, Data de Julgamento: 24/08/2011, publicado no DJE: 30/08/2011. Pág.: 191).

5. Descumpridos os requisitos da legislação de regência, no tocante à obrigatoriedade de renegociação e suspensão da exigibilidade da dívida impressa na cédula de crédito rural, não há que se falar em ausência de pressuposto executivo.

6. Ausente previsão legal para cabimento, na cédula de crédito rural, da incidência de comissão de permanência, os encargos da mora serão tão somente os juros remuneratórios pactuados, elevados a 1% (um por cento) ao ano a título de juros moratórios, além de multa, no percentual máximo de 10% (dez por cento), tudo nos termos do parágrafo único do art. 5º e art. 71, todos do Decreto-Lei nº 167/67. Precedentes.

7. Nos termos do entendimento cristalizado no enunciado nº 93 da Súmula do STJ, é possível a capitalização mensal de juros sobre a cédula de crédito rural, desde que expressamente pactuada. Precedentes.

8. Nada obstante a Lei nº 4.595/64 não preveja a limitação dos juros em 12% (doze por cento) ao ano, as cédulas de crédito rural estão submetidas aos regramentos da Lei nº 6.840/80 e do Decreto-Lei 413/69. Estes, a seu turno, conferem ao Conselho Monetário Nacional a prerrogativa de fixar os juros a serem praticados nesta modalidade de contratação – o que ainda não ocorreu. Assim, enquanto persistir a omissão desse órgão, prevalece à restrição prevista na Lei da Usura (Decreto nº 22.626/33).

9. Para o arbitramento da verba honorária, o julgador, na sua apreciação subjetiva, pode utilizar-se de percentuais sobre o valor da causa ou da condenação, ou mesmo de um valor fixo, não se restringindo aos percentuais previstos no § 3º do art. 20 do CPC. (AgRg nos EDcl no REsp 1293272/SC, Rel. Ministro OG FERNANDES, SEGUNDA TURMA, julgado em 03/12/2013, DJe 10/12/2013).

10. Cuidando-se de feito repetitivo e de baixa complexidade, com posicionamento de todas as matérias já sedimentado na Corte e no c. STJ, bem como atentando ao fato de não ter havido a produção de prova testemunhal ou pericial e ao curto período de tramitação, justo o valor de R$ 1.000,00 (mil reais), tudo nos termos do art. 20, §§ 3.º e 4º do CPC.

11. Recursos desprovidos.

(Acórdão n.763139, 20120111826320APC, Relator: SEBASTIÃO COELHO, Revisor: GISLENE PINHEIRO, 5ª Turma Cível, Data de Julgamento: 19/02/2014, publicado no DJE: 26/02/2014, p. 144)

Desta forma, além de todo o exposto, via de regra, a compreensão de análise contratual do produtor rural fica comprometida pelos índices acima mencionados configurando a sua vulnerabilidade, porém, no caso exposto, há uma vulnerabilidade agravada, suficiente para que sejam considerados como hipervulneráveis.[74] Além disso, o agricultor, devido a sua atividade que depende principalmente de condições climáticas muitas vezes não possui tempo hábil para melhor compreensão das contratações com os agentes financeiros. Faz-se necessário, portanto, o uso das melhores diretrizes dos tribunais para a real tutela do produtor rural.

4.5. O posicionamento do Tribunal de Justiça do Mato Grosso e Mato Grosso do Sul sobre o Crédito Rural no Brasil

Muitos dos tribunais estudados e suas respectivas decisões colacionadas deixam de aplicar devida e criteriosamente as regras destinadas à proteção do produtor rural. Qualquer outro destino do recurso financeiro agrícola que deveria ser destinado aos produtores rurais infringe o regramento imposto pelo Banco Central

---

[74] Neste sentido, MARQUES, Cláudia Lima. Estudo sobre a vulnerabilidade dos analfabetos na sociedade de consumo: o caso do crédito consignado a consumidores analfabetos. São Paulo: *Revista do Direito do Consumidor*, v. 95, p. 99-145, set./out. 2014: "os analfabetos são um subgrupo de consumidores com vulnerabilidade agravada, suficiente para que os consideremos hipervulneráveis, na expressão de Antônio Herman Benjamin, devendo ser garantido a eles pelo menos o acesso ao Judiciário e cuidados especiais na concessão do crédito consignado. A aprovação do PLS 283/2012 de atualização do Código de Defesa do Consumidor em muito contribuiria para isso, assim como a do PLS 281/2012. Parafraseando um belo voto do STJ podemos dizer que a hipervulnerabilidade é o grau excepcional da vulnerabilidade geral dos consumidores, relevância esta que, se está na Constituição ou nas normas infraconstitucionais, é de exame imperativo, e, se ainda não está, pode ser levantada pelo magistrado, ainda mais tendo em vista as circunstâncias do caso e a conduta de boa-fé dos parceiros. No referido voto, em caso de fracionamento de hipotecas para benefício dos consumidores, ensinou o STJ: 'É já cediça a compreensão, tanto pela doutrina, como pela jurisprudência, de que a única maneira de se otimizar a realização do princípio da igualdade é mediante o reconhecimento de que, em algumas situações, os sujeitos de uma relação jurídica não se encontram em posição similar. Nesses casos, em que as circunstâncias de fato provocam um desequilíbrio, tratar esses sujeitos de maneira objetivamente igual não basta para a plena realização do princípio da isonomia. É necessário reequilibrar os polos da relação, estabelecendo regras excepcionais que tutelem a parte mais frágil (...)'. Como ensinam os sociólogos da educação, realmente, as desigualdades sociais são também desigualdades culturais: a mais grave e mais excludente de todas é o analfabetismo".

do Brasil e as legislações vigentes, trazendo nulidade ao contrato. Desta forma, destaca-se o trecho do inteiro teor do acórdão oriundo da Quarta Câmara Civil do Tribunal de Justiça do Mato Grosso do Sul:

> Verifica-se que os autores/apelantes alegam que algumas cédulas pignoratícias rurais (CPR´s) foram emitidas, não para disponibilização de recursos a empreendimento rural, mas sim para pagamento de outras dívidas por eles contraídas junto à instituição financeira (operação mata-mata). Dessa maneira, diante do desvirtuamento da finalidade do financiamento rural, tais CPR´s não teriam qualquer validade.

Em cada repactuação do crédito rural, a verba retorna ao banco, cada vez mais onerada, sem chegar ao produtor rural e, consequentemente, sem retornar ao agronegócio. Nenhuma outra despesa pode ser exigida do produtor, salvo os valores de gastos à sua conta pela instituição financeira decorrente das Resoluções no Manual do Crédito Rural. Portanto, são inválidas as chamadas vendas casadas ou a compra dos pacotes de serviços impostas pelo banco quando da liberação do crédito rural.

Assim ficam definidas as famosas "operações mata-mata de custeio rural", ou seja, o desvio de finalidade do crédito rural se materializa no momento em que as renegociações da dívida implicam o repasse de crédito rural para o pagamento de ordinários e indevidos encargos bancários, bem como dívidas já existentes.

> APELAÇÃO CÍVEL – AÇÃO DE REVISÃO DAS CLÁUSULAS CONTRATUAIS ABUSIVAS EM CONTRATOS BANCÁRIOS – PERMISSIBILIDADE – NULIDADE DA SEGUNDA CÉDULA RURAL POR NÃO FICAR EVIDENCIADA A NOVAÇÃO MAS SIM A OPERAÇÃO MATA-MATA – APLICAÇÃO DO CDC – LIMITE AO PRINCÍPIO *PACTA SUNT SERVANDA* – JUROS DE 12% AO ANO – MANUTENÇÃO – AUSÊNCIA DE AUTORIZAÇÃO DO CONSELHO MONETÁRIO NACIONAL PARA COBRANÇA EM PATAMAR SUPERIOR ALÉM DO FATO DE O CONTRATO TER SIDO FIRMADO ANTES DA VIGÊNCIA DA EC Nº 40/03 – CAPITALIZAÇÃO MENSAL DE JUROS – IMPOSSIBILIDADE – PERMISSÃO DA CAPITALIZAÇÃO SEMESTRAL DESDE QUE PACTUADA ENTRE AS PARTES – COMISSÃO DE PERMANÊNCIA – IMPOSSIBILIDADE DA CUMULAÇÃO COM A CORREÇÃO MONETÁRIA – CLÁUSULA ABUSIVA – MULTA DE 2% – MANTIDA – IRRELEVÂNCIA DO CONTRATO TER SIDO FIRMADO ANTES DA LEI 9.298/96 – APLICAÇÃO DO CDC – CORREÇÃO MONETÁRIA COM BASE NO INPC – RECURSO IMPROVIDO. Em se tratando de contrato de bancário, é perfeitamente aplicável as normas do CDC, por se configurar relação de consumo. Portanto, impõe-se a limitação ao princípio da livre pactuação entre as partes. A cédula rural pignoratícia possui lei específica que condiciona a pactuação de juros acima do limite de 12% ao ano à expressa autorização do Conselho Monetário Nacional, sendo ônus do credor demonstrar documentalmente nos autos a legitimidade dos parâmetros cobrados, desde que não excessivos. A fixação de capitalização mensal em cédula de

crédito rural pignoratícia traduz-se em cláusula abusiva, que vai de encontro com as disposições do CDC. Assim, se pactuada, substitui-se pela semestralidade. A multa pactuada nos contratos, mesmo naqueles firmados antes da vigência da Lei 9.298/96, deve obedecer ao limite de 2%, porque aplica-se na espécie o CDC, que é matéria de ordem pública e se apresenta mais benéfica para o consumidor. Na apuração da correção monetária deve ser aplicado o INPC, por ser o índice que melhor reflete a atualização da moeda, e por não repercutir em prejuízo para o credor. É abusiva a cláusula que estipula a cobrança da comissão de permanência, por se mostrar onerosa, somada ao valor da multa e dos juros, além de ser vedada a sua cumulação com a correção monetária.
(Ap 48272/2006, DR. JOSÉ ZUQUIM NOGUEIRA, SEGUNDA CÂMARA CÍVEL, Julgado em 07/03/2007, publicado no DJE 10/04/2007)

A oneração excessiva ao longo dos anos desvirtua, igualmente, o caráter de crédito rural, passando a instituição financeira a administrar indevidamente o capital subsidiado pelo Governo, tornando-o impagável pelo produtor rural, questão que merece a intervenção do Judiciário. Desta forma, decisão abaixo:

APELAÇÃO CÍVEL – EMISSÃO DE CÉDULA RURAL PIGNORATÍCIA PARA COBERTURA DE DÍVIDAS ANTERIORES CONTRAÍDAS JUNTO À INSTITUIÇÃO FINANCEIRA – OPERAÇÃO MATA-MATA – POSSIBILIDADE DE REVISÃO DOS CONTRATOS ANTERIORES QUANTO À EXISTÊNCIA DE CLÁUSULAS ABUSIVAS – DIREITO DO AUTOR À PROVA DA EXISTÊNCIA DOS CONTRATOS ANTERIORES – JUIZ QUE JULGA O FEITO SEM OPORTUNIZAR A REALIZAÇÃO DA PROVA – CERCEAMENTO DE DEFESA – NULIDADE DA SENTENÇA – PRELIMINAR ACOLHIDA – RECURSO PROVIDO.' (Relator(a): Des. Paschoal Carmello Leandro; Comarca: Ponta Porã; Órgão julgador: 4ª Câmara Cível; Data do julgamento: 31/01/2012; Data de registro: 15/02/2012)

Além da ementa, importante ressaltar algumas palavras proferidas pelo Desembargador Dorival Renato Pavan ao julgar a lide:

Cumpre esclarecer que, no caso em tela, cuida-se de relação de consumo, sendo que, caso haja a presença de cláusulas relativas ao fornecimento de produtos e serviços, estabelecendo obrigações consideradas abusivas, que coloquem o consumidor em desvantagem exagerada, são nulas de pleno direito, nos termos do art. 51, inciso IV, do Código de Defesa do Consumidor, independentemente de o contrato estar quitado, uma vez que obrigações nulas não são suscetíveis de confirmação e nem mesmo convalescem pelo decurso de tempo.

Destarte, é perfeitamente cabível a revisão do contrato em questão, com a consequente repetição de indébito, caso haja um eventual saldo credor em favor dos devedores, sob pena de enriquecimento sem causa da parte *ex adversa*. Sucede que, na peça inaugural, os autores deixaram claro que pretendiam provar a formalização das operações mata-mata justamente por meio dos referidos extratos, os quais o banco não disponibilizou e nem o juiz mandou juntar.

Essa é a premissa em que os autores/apelantes embasam essa preliminar e com razão. Ora, se o banco poderia ter apresentado os documentos apontados e não o fez, sendo, aliás, ônus que lhe incumbia, face à hipossuficiência do consumidor na hipótese, o juiz não poderia ter rejeitado o pedido por ausência de substrato probatório.

Ao contrário do entendimento do juiz e do nobre relator, não era primordial que os autores trouxessem aos autos os documentos afeitos às operações anteriores e que deram origem aos contratos desvirtuados; como houve expressa manifestação sobre a pretensão de se provar o direito através dos extratos, estes deveriam ter sido exibidos, oportunizando, assim, à parte a chance de demonstrar o desvirtuamento, ainda que, para isso, tivesse de arcar com prova pericial contábil.

Confirmando a decisão proferida pelo desembargador do acórdão acima exposto, interessante se faz transpor outra decisão proferida pelo mesmo Tribunal de Justiça a respeito da operação mata-mata. A seguir, tem-se a ementa e logo após um trecho retirado do acórdão para melhor compreensão.

APELAÇÃO CÍVEL – EMBARGOS À EXECUÇÃO – JULGAMENTO ANTECIPADO DA LIDE – CERCEAMENTO DE DEFESA – CARACTERIZADO – EXIBIÇÃO DE DOCUMENTOS – PEDIDO NÃO APRECIADO – PROVA INDISPENSÁVEL PARA O JULGAMENTO DA LIDE – SENTENÇA INSUBSISTENTE.

(Relator(a): Des. Rubens Bergonzi Bossay; Comarca: Coxim; Órgão julgador: 3ª Câmara Cível; Data do julgamento: 30/06/2010; Data de registro: 05/07/2010)

"Compulsando os autos, denota-se que, durante a instrução processual, não houve apreciação da julgadora acerca do pedido de juntada destes documentos, os quais, indubitavelmente são imprescindíveis para o exercício da ampla defesa, ante a alegação de que ocorreu a denominada operação mata-mata, que pode levar, inclusive, à nulidade do título executivo.

Observa-se dos autos que sequer houve a intimação das partes para produzirem provas, momento este em que a apelante poderia ter reiterado seu pedido e, em caso de negativa, interposto o recurso cabível à espécie.

Consigne-se, por oportuno, que diante da vinculação das decisões prolatadas pelo Superior Tribunal de Justiça, a juntada dos contratos realizados entre as partes é de vital importância, porquanto somente através deles será possível aferir se a taxa de juros contratada encontra-se dentro da média fixada pelo Banco Central do Brasil.

Se não haviam elementos suficientes a autorizar o julgamento antecipado da lide, o qual requeria a produção de provas, caracteriza-se o cerceamento de defesa, acarretando, por consequência, a nulidade da sentença.

Neste sentido:

EMBARGOS À EXECUÇÃO – INSTRUMENTO PARTICULAR DE CONFISSÃO E PARCELAMENTO DE DÍVIDAS DECORRENTE DE OUTRAS AVENÇAS – NECESSIDADE DA JUNTADA DOS REFERIDOS CONTRATOS – PEDIDO INCIDENTAL DE EXIBIÇÃO NÃO APRECIADO – DESTINATÁRIO DA PROVA – JULGADOR – FALTA DE PROVA DOCUMENTAL IMPRESCINDÍVEL À VERIFICAÇÃO DOS FATOS – NULIDADE DA SENTENÇA. Como visto, nos autos não havia elementos suficientes ao julgamento. Logo, a ação demanda a uma instrução probatória mais acurada, e só o que consta dos autos não autorizava, entendo, o julgamento antecipado havido. (Proc. Nº 1.0701.07.183416-5/001, Rel. Lucas Pereira, 08/10/2009)

Fica prejudicado o recurso interposto pelo Banco Bradesco S/A.

Pelo exposto, acolho a preliminar de nulidade da sentença, julgando-a insubsistente, determinando a remessa dos autos à instância de origem para prosseguimento do feito em seus ulteriores termos".

Com o exposto, fica claro que são raras as decisões que beneficiam de fato o produtor rural e a função social da atividade que ele exerce protegida pela Constituição Federal. O agronegócio, por ser uma atividade econômica dependente de diversos fatores sofre de tempos em tempos certas crises financeiras, ainda que regionais e localizadas, em que o produtor rural, em virtude de frustações de safras ou dificuldade de comercialização de seus produtores, não consegue com sua produção criar condições para o pronto pagamento de todas suas obrigações financeiras assumidas.

Com esse conhecimento, os agentes financeiros, frequentemente, movem a máquina pública de forma desnecessária, resolvendo os conflitos de maneira desproporcional, não célere. No entanto, como solução, criou-se o projeto de lei do senado para instituir um processo administrativo para trazer a vinculatividade das resoluções e normas que regulam as liberações de crédito rural, trazendo com isso as dívidas para patamares reais, tornando possível ao produtor o pagamento do débito de acordo com sua capacidade e a sua possibilidade como determinado pelo MCR, sendo isso o que será estudo no próximo capítulo.

5. Solução para o Crédito Rural no Brasil: o Projeto de Lei do Senado nº 354/2014 – Projeto Replantar

Após a análise a respeito das diversas jurisprudências sobre a matéria que aqui expomos, mister finalizarmos esse estudo com uma solução para o que vem ocorrendo frequentemente com aqueles que garantem nosso principal bem, ou seja, a alimentação.

Vivemos em um mundo que desperdiça 1,3 bilhão de toneladas de alimentos,[75] por isso, um dos obstáculos que temos que enfrentar é o fato de que muitas vezes, por termos uma grandiosa produção de alimentos, não percebemos que, com o aumento da população mundial, teremos de ter uma maior produção de alimentos e, consequentemente, um maior investimento nessa área.

Vale ressaltar que os países que ainda possuem áreas agricultáveis já utilizaram a maioria de suas áreas, diferentemente do Brasil, que possui terras e climas favoráveis para o plantio.[76] Ainda que seja correta a afirmação que o Brasil tenha uma política agrícola, os produtores continuam sofrendo com a falta de recursos

---

[75] FAO. *Desperdício de alimentos tem consequências no clima, na água, na terra e na biodiversidade*. Disponível em: <https://www.fao.org.br/daccatb.asp>. Acesso em 26 out. 2016.

[76] Neste sentido: BARROS, José Roberto Mendonça de; BARROS, Alexandre Lahóz Mendonça de. *Agricultura Brasileira*: um Caso de Sucesso no Trópico. In: BURANELLO, Renato; et al. (Coord.). *Direito do Agronegócio – mercado, regulação, tributação e meio ambiente*. São Paulo: Quartier Latin, 2011: "O Brasil construiu o sistema agroindustrial mais competitivo do mundo. Água, sol e terra em abundância, recursos humanos e conhecimento desenvolvido a aplicado localmente atraíram o capital necessário para alavancar o processo. Políticas públicas adequadas (embora nem todas) e a abertura da economia o completaram".

direcionados a eles adequadamente e o modo que é operado tais finanças.

Como visto, existem diversos órgãos para tutelar o crédito rural no país, porém continua não sendo incomum que as instituições financeiras integrantes ao SNCR deixam de contribuir com o produtor, visando ao beneficiamento próprio.

Reiteradamente agentes financeiros deixam de aplicar as regras impostas a esse tipo de crédito, integralizando garantias que não são exigidas pelo BACEN, embora já tenhamos normas legisladas especialmente voltadas para a garantia alimentar e sanções impostas a quem comete tais ilícitos.[77]

Desta forma, iniciaremos o capítulo apresentando o projeto de lei inicial, seguindo pelos posicionamentos dos Senadores e seus entendimentos a respeito da futura lei e, por fim, observações conclusivas que possibilitarão uma verdadeira reforma ao crédito rural brasileiro.

5.1. Texto inicial do Projeto de Lei nº 354/2014

O texto abaixo foi apresentado para a Senadora Ana Amélia Lemos na Audiência Pública da Comissão de Reforma Agrária e Agricultura do Senado Federal que ocorreu no auditório da assembleia legislativa do estado do Rio Grande do Sul, Dante Barone, em 09 de agosto de 2013, sendo, após, enviado para análise da Consultoria Legislativa do Senado.

No dia 28 de novembro de 2014, foi encaminho a Comissão de Agricultura e Reforma Agrária e após a Comissão de Assuntos Econômicos, cabendo a esta a decisão terminativa.[78]

---

[77] Diferentemente do que ocorre atualmente, os agentes financeiros devem prezar por uma relação de confiança entre todos. Neste sentido, veja: CAMPOS, Diego Leite de Campos. A função social da atividade bancária. São Paulo: *Revista do Direito Bancário e do Mercado de Capitais*, v. 50, p. 190-198, dez. 2010. "Os bancos, em todos os países, mas sobretudo nos países socialmente mais maduros, estão ligados à evolução harmoniosa de três dimensões interdependentes: criação de riqueza e melhoramento das condições de vida materiais, em termos sustentados; a zona social, saúde, educação, casa, emprego, colaboração inter geracional; preservação do meio ambiente".

[78] Para acompanhamento do Projeto de Lei do Senado nº 354/2014: BRASIL. *Atividade Legislativa*: Projeto de Lei do Senado nº 354, de 2014. Disponível em: <https://www25.senado.leg.br/web/atividade/materias/-/materia/119223>. Acesso em: 25 out. 2016.

PROJETO DE LEI DO SENADO Nº 354, DE 2014

Institui procedimento para recomposição de débitos de credito rural, e dá outras providencias.

O CONGRESSO NACIONAL decreta:

CAPÍTULO I
DISPOSIÇÕES GERAIS

Art. 1º Esta Lei estabelece normas básicas sobre o processo administrativo de recomposição de débitos de credito rural.

Art. 2º O procedimento tem por objetivo viabilizar a negociação e a renegociação dos créditos rurais, no âmbito administrativo, perante todas as instituições financeiras integrantes do Sistema Nacional de Crédito Rural (SNCR).

Art. 3º Regem o presente procedimento os princípios constitucionais da razoável duração do processo, do duplo grau de jurisdição administrativa, da eficiência, da legalidade, da impessoalidade e da publicidade, todos eles orientados pelos princípios da proporcionalidade e da razoabilidade.

Parágrafo único. Nos processos administrativos de recomposição dos créditos rurais serão observados, entre outros, os seguintes critérios:

I – atinência ao princípio da legalidade e à hierarquia normativo-constitucional;

II – orientação para o atendimento com fins de interesse geral;

III – atuação proba, baseada na observância da ética, do decoro e da boa-fé;

IV – publicidade dos atos, ressalvadas as hipóteses de preservação de sigilo previstas na Constituição Federal;

V – adequação entre os meios e os fins, vedada a imposição de obrigações em média superior àquelas estritamente necessárias ao atendimento do interesse público;

VI – motivação dos pressupostos de fato e de direito que determinarem a decisão;

VII – adoção de formas e de formalidades simples, suficientes para propiciar adequado grau de certeza, segurança e respeito aos direitos dos devedores;

VIII – proibição de cobranças de despesas procedimentais, ressalvadas as previstas em lei;

IX – garantia da possibilidade de acesso ao grau recursal administrativo, a ser implementado por todas as instituições financeiras que integram o SNCR.

Art. 4º A viabilidade da composição do debito, medida pela legalidade do cálculo em consonância com a capacidade financeira das partes envolvidas, será elemento preponderante na negociação, sendo, ainda, relevantes as concessões recíprocas destinadas à viabilização da recomposição.

Art. 5º O procedimento será regulado, no que couber e de maneira subsidiária, pelo Manual de Crédito Rural (MCR), do Banco Central do Brasil.

CAPÍTULO II
DA FORMA, DO TEMPO E DO LUGAR DOS ATOS

Art. 6º Os atos vinculados ao procedimento de recomposição dos créditos não possuem forma determinada, salvo quando previstos em lei específica.

§ 1º Os atos do processo devem ser produzidos por escrito, em vernáculo, com a data e o local de sua realização, além da assinatura do responsável.

§ 2º O local dos atos do processo é o da agência originária em que o contrato de crédito foi celebrado.

§ 3º Salvo imposição legal, o reconhecimento de firma somente será exigido quando houver dúvida motivada de sua autenticidade.

§ 4º A autenticação de documentos exigidos em cópia poderá ser feita pelo órgão processante mediante vista do original.

Art. 7º O prazo máximo para a resolução do procedimento previsto nesta Lei é de 180 (cento e oitenta) dias.

Parágrafo único. O prazo previsto neste artigo poderá ser dilatado até o dobro, mediante comprovada justificativa.

Art. 8º Os prazos serão contados excluindo-se o primeiro e incluindo-se o último dia.

CAPÍTULO III
DO PEDIDO

Art. 9º O requerimento inicial do interessado deve ser formulado por escrito e conter os seguintes dados:

I – órgão a que se dirige;

II – qualificação do interessado e do seu representante, quando houver;

III – domicílio do requerente ou local para recebimento das comunicações;

IV – formulação do pedido, com exposição dos fatos e dos seus fundamentos;

V – documentos que forneçam suporte a sua pretensão;

VI – data e assinatura do requerente ou de seu representante, quando houver.

§ 1º É vedada à Instituição Financeira a recusa imotivada de recebimento de documentos.

§ 2º A proposta de recomposição deverá ser protocolada na agência de celebração do instrumento originário da dívida, mediante recibo.

Art. 10. Ao receber a proposta, o funcionário da Instituição Financeira dará contrafé ao cliente, fixando o prazo de 60 (sessenta) dias para a resposta, contados da data de recebimento daquela pela Área de Gestão de Riscos.

Parágrafo único. A proposta será enviada pela agência à Área de Gestão de Riscos, que, de modo imediato, dará início à análise da proposta, respeitando o prazo previsto no caput.

Art. 11. A análise da proposta será orientada pela legalidade do cálculo, pela capacidade de pagamento do proponente e pela possibilidade fática de seu cumprimento, inexistindo hierarquia entre tais fatores.

Art. 12. Estando a capacidade de pagamento comprometida com outros créditos oriundos da mesma natureza caberá à Instituição Financeira equacionar a melhor solução para o produtor, tendo como orientação a proposta por ele apresentada.

Art. 13. É facultada a utilização de perícias técnicas para a harmonização das pretensões apontadas.

CAPÍTULO IV
DA ANÁLISE DA PROPOSTA E DA DECISÃO

Art. 14. A análise da proposta será realizada pelas áreas Jurídica, de Gestão de Riscos e de Reestruturação de Ativos, que, em conjunto, possuem autonomia para a celebração de acordos operacionais visando à recuperação dos créditos de forma célere.

Art. 15. A análise da proposta levará em consideração a quantidade de contratos existentes e o volume de crédito.

Parágrafo único. Para a realização da análise será indispensável a fiel observância das normas de direito financeiro exaradas pelo Conselho Monetário Nacional e pelo Banco Central do Brasil, todas elas de aplicação obrigatória pela Instituição Financeira a fim de se dar máxima efetividade à proposta.

Art. 16. A aprovação da proposta está vinculada à formulação de parecer, da própria instituição financeira, de viabilidade a ser exarado pela Comissão destinada a análise daquela.

Art. 17. A proposta aprovada terá força de título executivo extrajudicial.

Art. 18. Os representantes das áreas de que trata o art. 16 redigirão relatório final contendo:

I – a descrição do perfil do proponente;

II – a viabilidade econômica e financeira do proponente;

III – a descrição das garantias;

IV – o prazo para a quitação do débito ou a quantidade de parcelas remanescentes;

V – uma forma clara de composição das taxas embutidas nas operações vinculadas;

VI – parecer motivado com o resultado sobre o deferimento ou o indeferimento do pedido;

VII – local e data;

VIII – assinatura e identificação do responsável pelo documento.

Art. 19. Após a análise da proposta o proponente será comunicado sobre seu resultado mediante correspondência postal, com aviso de recebimento.

Art. 20. De eventual indeferimento caberá recurso administrativo a ser interposto em até 15 (quinze) dias após o recebimento da comunicação aludida no artigo anterior.

§ 1º Do recurso será dada vista à Instituição Financeira, para que, em 15 (quinze) dias, possa apresentar a sua defesa.

§ 2º Instruído o recurso administrativo, o órgão recursal deverá proferir decisão no prazo de 60 (sessenta) dias, produzindo relatório final que seguirá o padrão mencionado no art. 19.

Art. 21. A aprovação comporta renegociação ou extinção da relação creditícia. A proposta de quitação será lavrada pelo órgão competente e valerá como documento de extinção da relação obrigacional.

Art. 22. A proposta que for indeferida ou rejeitada poderá ser reapresentada, desde que sanados os vícios ou omissões apontados no relatório final.

Parágrafo único. Caso a proposta seja indeferida ou rejeitada no mérito, poderá ser reapresentada desde que haja mudança em algum dos fatores que orientam a análise da proposta.

Art. 23. Esta lei entrará em vigor 60 (sessenta) dias após sua publicação.

JUSTIFICAÇÃO

A agropecuária desempenha papéis fundamentais para a economia brasileira. Segundo dados do CEPEA-USP/CNA, de 2013, o agronegócio representou 22% do PIB do país e 40% de todas as exportações nacionais no ano de 2011. A importância das atividades rurais tem reconhecimento no texto da Constituição Federal, que confere proteção especial aos produtores e prevê política de crédito específica para todo o setor. O referido diploma, em seu art. 187, dispõe que:

Art. 187. A política agrícola será planejada e executada na forma da lei, com a participação efetiva do setor de produção, envolvendo produtores e trabalhadores rurais, bem como dos setores de comercialização, de armazenamento e de transportes, levando em conta, especialmente:

I – os instrumentos creditícios e fiscais;

II – os preços compatíveis com os custos de produção e a garantia de comercialização.

O produtor rural se encontra em posição de destaque devido à sua atividade preponderante, determinando o dispositivo constitucional em comento uma análise sistemática da atividade supramencionada. Há, em consequência, um sistema de normas estabelecidas para proteger o desenvolvimento do produtor rural, bem como os cooperados e órgãos de fomento. Integram-se, também, a esse sistema todas as instituições filiadas ao Sistema Nacional de Crédito Rural – SNCR, consoante disposições do Banco Central do Brasil (Bacen).

Apesar da proteção Constitucional mencionada, a produção rural no Brasil passa por dificuldades em virtude do hiperendividamento dos produtores.

O crédito rural é essencial à produção agrícola do país. O crescimento nominal do PIB do agronegócio foi de 42% entre 1994 e 2011, resultado inatingível sem o aumento de crédito ao agronegócio em 390% no mesmo período, conforme dados do Bacen de 2013.

É necessário, contudo, que o produtor tenha acesso de fato a esse crédito; e mais, que este seja de fato utilizado na produção. A falta de acesso ao crédito em virtude do hiperendividamento e o desvio de finalidade dos empréstimos são fatores que atentam contra a eficiência dessa política pública.

O que ocorre é que o produtor endividado acaba tendo que utilizar os valores de novos empréstimos para quitar débitos de financiamentos anteriores, operação que ficou conhecida coloquialmente como mata-mata. Tal operação não só prejudica a produção do próprio agricultor como agrava ainda mais a sua situação financeira, aumentando o tamanho do débito ao longo prazo.

A atual solução apresentada para esse passivo limita-se ao prolongamento nas dívidas, tratando não a causa, mas o sintoma do problema. O alongamento das dívidas e a cessão do crédito para a União reduzem a sobrecarga do produtor no curto prazo, mas não resolvem a situação. Aliás, tal questão, outrora questionada e muito debatida, já se encontra pacificada no judiciário: é direito do produtor a renegociação. Nesse sentido, o Superior Tribunal de Justiça:

STJ Súmula nº 298 – 18/10/2004 – DJ 22.11.2004 Alongamento de Dívida Originada de Crédito Rural – Faculdade da Instituição Financeira – Direito do Devedor. O alongamento de dívida originada de crédito rural não constitui faculdade da instituição financeira, mas, direito do devedor nos termos da lei.

Ocorre que essa alternativa pouco auxilia a situação do produtor no longo prazo, uma vez que os débitos continuam sendo cobrados e são acrescidos de inúmeras taxas e encargos. Ademais, tal situação é levada invariavelmente ao Poder Judiciário para que não ocorra a cobrança dos valores nem a discussão sobre o efetivo valor da dívida a ser paga. Milhares dessas ações estão em nossos tribunais aguardando anos para o julgamento. Enquanto isso, as instituições financeiras não têm acesso aos recursos devidos e os produtores também não tem acesso ao crédito para financiar sua produção. Nesse contexto, sofre o sistema financeiro, sofre o sistema produtivo.

Para solucionar o problema, não basta prolongar os pagamentos, mas permitir e incentivar as instituições financeiras filiadas ao SNCR a estarem abertas aos processos administrativos, assim como ocorre em órgãos públicos como o Tribunal de Contas e a Receita Federal. Tal procedimento tem a capacidade de elucidar e, em muitos casos, expurgar o débito de irregularidades existentes, oportunizando ao produtor o pagamento do valor real devido de acordo com a regra de liberação do recurso correspondente.

Trazendo os débitos para patamares reais, o produtor teria condições de adimplir com a sua obrigação, restaurando seu crédito, e a instituição financeira acesso aos recursos devidos para financiar o desenvolvimento da agricultura no país. Dessa forma, ganham o sistema financeiro e o setor produtivo.

São inúmeras as vantagens do processo administrativo. A União pouparia recursos hoje utilizados para a transferência de dívidas das instituições financeiras para securitização, podendo dispor destes em outras áreas, desafogando o orçamento e proporcionando maior capacidade de investimento para o desenvolvimento do País. O Judiciário, por sua vez, teria suas demandas reduzidas em grande parte em virtude da desnecessidade do ingresso em juízo para a discussão acerca dos débitos cobrados, trazendo maior celeridade a essas demandas resolvidas administrativamente, bem como as demais, em virtude da diminuição da sobrecarga dos órgãos jurisdicionais. Ainda, os supracitados benefícios para o sistema financeiro e para o agronegócio resultariam em maior competitividade do País nas exportações e desenvolvimento econômico, beneficiando toda a coletividade.

A consolidação do processo de reenquadramento das dívidas rurais vai regulamentar a devolução de recursos já tomados no passado, bem como o adimplemento daqueles que serão captados no futuro, criando, desta forma, uma aplicação efetiva das regras destinadas a estes recursos financeiros.

Se o objetivo do tratamento diferenciado aos setores rurais é o fomento da produção, seja por representar parte expressiva do PIB, seja para garantir a segurança econômica do Brasil, assim como garantir alimentos acessíveis a todos os brasileiros, então é obrigação do Poder Legislativo e do Executivo regulamentar, mediante lei, a obrigatoriedade da aplicação da regra que determina a utilização e as formas de devolução dos recursos financeiros destinados ao crédito rural.

Por fim, a política de crédito rural imposta até este momento, sem a existência de mecanismo eficaz de renegociação administrativa, dificulta, quando não impossibilita a continuidade da atividade econômica do produtor, ferindo frontalmente a liberdade econômica e a própria continuidade da produção nacional. Marginalizar a categoria que põe o alimento nas nossas mesas, nominando-os como maus pagadores, não faz justiça à dura realidade da vida rural.

Por todo o exposto, rogo apoio aos nobres parlamentares para aprovação desta importante Proposta.

5.2. Análise da PLS nº 354/14 pela Comissão de Agricultura e Reforma Agrária

Como um dos requisitos para aprovação do projeto de lei, a PLS passou pela relatoria do então Ministro da Agricultura Blairo Maggi, antes Senador, cujo voto favoreceu o prosseguimento do projeto criado em conjunto com a Senadora Ana Amélia Lemos para a decisão terminativa delegada à Comissão de Assuntos Econômicos.

PARECER Nº __ DE 2015[79]

Da COMISSÃO DE AGRICULTURA E REFORMA AGRÁRIA, sobre o Projeto de Lei do Senado (PLS) nº 354, de 2014, da Senadora Ana Amélia, que *institui procedimento para recomposição de débitos de crédito rural, e dá outras providências.*

Relator: Senador BLAIRO MAGGI

I – RELATÓRIO

Vem ao exame desta Comissão o Projeto de Lei do Senado (PLS) nº 354, de 2014, da Senadora ANA AMÉLIA, que *institui procedimento para recomposição de débitos de crédito rural, e dá outras providências.*

A proposição é composta por 23 artigos, dispostos em quatro capítulos, que tratam, respectivamente: das disposições gerais; da forma, do tempo e do lugar dos atos vinculados ao procedimento de recomposição dos créditos de que trata o PLS; do pedido de recomposição de débitos; e da análise da proposta e da decisão.

Os arts. 1º a 5º constituem o Capítulo I, que trata das disposições gerais, e enunciam: o objeto do PLS, qual seja, o estabelecimento de regras para a renegociação de dívidas decorrentes de operações de crédito rural; o escopo de abrangência do Projeto, que

---

[79] Na 27ª Reunião da CRA, a Comissão aprovou o Relatório do Senador Blairo Maggi, que passa a constituir Parecer da CRA, favorável ao PLS nº 15/2013 em 06 ago. 2015. BRASIL. *Atividade Legislativa*: Projeto de Lei do Senado nº 354, de 2014. Disponível em: <https://www25.senado.leg.br/web/atividade/materias/-/materia/119223>. Acesso em: 01 nov. 2016.

corresponde à renegociação dos créditos rurais, no âmbito administrativo, perante todas as instituições financeiras integrantes do Sistema Nacional de Crédito Rural (SNCR); os princípios e critérios balizadores das renegociações; e a previsão da aplicação subsidiária do Manual de Crédito Rural (MCR), do Banco Central do Brasil.

O Capítulo II, composto pelos arts. 6º a 8º, trata da forma, do tempo e do lugar dos atos vinculados ao procedimento de recomposição dos créditos. Consoante suas disposições, o prazo máximo para a resolução do procedimento de que trata o PLS é de 180 (cento e oitenta) dias, podendo ser dilatado até o dobro, mediante comprovada justificativa.

Nos arts. 9º e 10 do Capítulo III, que trata do pedido, estão estabelecidos requisitos de forma e regras para o processamento das propostas de renegociação de dívidas.

Os arts. 11 a 13, que também constam do Capítulo III, possuem disposições relativas à análise da proposta e determinam que:

a) a análise será orientada pela legalidade do cálculo, pela capacidade de pagamento do proponente e pela possibilidade fática de seu cumprimento, inexistindo hierarquia entre tais fatores;

b) estando a capacidade de pagamento comprometida com outros créditos oriundos da mesma natureza, caberá à instituição financeira equacionar a melhor solução para o produtor, tendo como orientação a proposta por ele apresentada; e

c) é facultada a utilização de perícias técnicas para a harmonização das pretensões apontadas.

No Capítulo IV, que compreende os arts. 14 a 23 e que trata da análise da proposta e da decisão, são definidos os procedimentos, os critérios para análise, a competência e os requisitos formais para a decisão e os efeitos do deferimento ou indeferimento da proposta de renegociação, cujos pontos mais relevantes são enumerados a seguir:

a) a análise será realizada, em conjunto, pelas áreas jurídicas, de gestão de riscos e de reestruturação de ativos das instituições financeiras;

b) a análise levará em consideração a quantidade de contratos existentes e o volume de crédito, sendo indispensável a fiel observância das normas de direito financeiro exaradas pelo Conselho Monetário Nacional e pelo Banco Central do Brasil;

c) a aprovação da proposta está vinculada à formulação de parecer, da própria instituição financeira, de viabilidade a ser exarado pela comissão responsável pela análise; e

d) a proposta aprovada terá força de título executivo extrajudicial, comportando renegociação ou extinção da relação creditícia, sendo que a proposta indeferida ou rejeitada poderá ser reapresentada, sanados os vícios e omissões apontados ou, caso rejeitada quanto ao mérito, após mudança em algum dos fatores que orientaram a sua análise.

A cláusula de vigência, constante do art. 23, estabelece o prazo de 60 (sessenta) dias da publicação para que a Lei decorrente do PLS nº 354, de 2014, entre em vigor.

Na justificação, a autora assinala a importância da agropecuária para a economia brasileira, sua contribuição para o Produto Interno Bruto (PIB) do País e seu protagonismo em relação às exportações. Ressalta, além disso, a proteção constitucional dispensada ao setor por meio do art. 187 da Constituição da República Federativa do Brasil (CRFB), que correlaciona os instrumentos creditícios à política agrícola nacional, organizados por meio do Sistema Nacional de Crédito Rural (SNCR).

Chama a atenção, ainda, para a restrição no acesso ao crédito decorrente do excessivo endividamento dos produtores rurais, de forma que o produtor acaba tendo de utilizar os valores de novos empréstimos para quitar débitos de financiamentos anteriores.

Aduz a autora que a solução apresentada para esse passivo tem se limitado ao alongamento das operações, o que pouco contribui para resolver a situação, pois apenas posterga o ônus contratual para datas futuras. Nesse sentido, para solucionar o problema, é necessário incentivar as instituições financeiras filiadas ao SNCR a estarem abertas ao processo administrativo, procedimento que tem a capacidade de elucidar e, em muitos casos, expurgar débitos porventura irregulares, oportunizando ao produtor o pagamento do valor real devido de acordo com a regra de liberação do recurso correspondente.

Essa solução teria como vantagens diretas a economia de recursos da União hoje utilizados para a transferência de dívidas das instituições financeiras para securitização; e a redução da judicialização dos conflitos relativos ao crédito rural.

Por fim, consigna a autora que o tratamento diferenciado dispensado ao setor rural se dá em virtude da relevância econômica do setor e seu papel fundamental para segurança alimentar e que a falta de um mecanismo eficaz de renegociação administrativa do crédito rural é um relevante entrave ao desenvolvimento do setor.

A proposição foi distribuída às Comissões de Agricultura e Reforma Agrária (CRA) e de Assuntos Econômicos (CAE), cabendo à última a decisão terminativa.

Não foram oferecidas emendas no prazo regimental.

II – ANÁLISE

Nos termos do inciso X do art. 104-B do Regimento Interno do Senado Federal (RISF), compete à CRA opinar sobre o mérito de proposições que tratem de política de investimentos e financiamentos agropecuários, seguro rural e endividamento rural.

Como bem destacado pela autora na justificação do projeto, a agropecuária desempenha papéis fundamentais na economia brasileira. Pode-se destacar que o agronegócio representa 23% do PIB brasileiro, o que corresponde a mais de R$ 1,1 trilhão, e é responsável por cerca de 40% do faturamento das exportações brasileiras.

Além disso, a importância do agronegócio transcende as cifras monetárias e envolve questões vitais e estratégicas para a sociedade, como a garantia da segurança alimentar e a manutenção dos empregos de, aproximadamente, trinta milhões de pessoas.

O financiamento do setor produtivo rural, por sua vez, reveste-se de peculiaridades no que se refere ao alto risco da atividade agropecuária, que pode ser afetada pelo clima, doenças, pragas e pela alta volatilidade dos mercados. Apesar disso, o seguro rural no Brasil ainda é incipiente e sua cobertura não atinge sequer 10% do Valor Bruto da Produção Agrícola (VBP) nacional.

Dentro desse contexto, eventuais renegociações de dívidas rurais são inevitáveis. Todavia, o excesso de burocracia em torno desse procedimento quase sempre leva à necessidade de edição de leis, o que torna o processo de renegociação demasiadamente moroso, prejudicando o setor produtivo, que precisa de respostas rápidas para que possa planejar, tempestivamente, sua produção.

É, portanto, louvável a iniciativa da Senadora ANA AMÉLIA no sentido de prover as instituições que compõem o Sistema Nacional de Crédito Rural (SNCR) de um instrumento menos burocrático para que possam proceder às renegociações do crédito rural de forma mais ágil, nos casos de necessidade.

III – VOTO

Em face do exposto, voto pela *aprovação* do Projeto de Lei do Senado nº 354, de 2014.

5.3. Análise da PLS 354/14 pela Comissão de Assuntos Econômicos

Em relatório favorável pela continuidade do PLS, o Senador Fernando Bezerra Coelho concorda com o exposto reiteradamente neste estudo em que "o alto grau de endividamento do produtor rural leva-o a buscar novos empréstimos para quitar débitos de financiamentos anteriores". Acrescenta ainda que "a solução apresentada para esse passivo tem se limitado ao alongamento das operações, o que pouco contribui para resolver a situação, pois apenas posterga o ônus contratual para datas futuras".

Como o PLS foi emendado em sua decisão terminativa ele volta para o Senado Federal que pode aceitar ou rejeitar as emendas proferidas pelo Senador, logo após o PLS segue para a casa revisora, ou seja, a Câmara dos Deputados e, sendo aprovado, por fim é enviado para sanção ou veto do Presidente da República.

Agora, faz-se necessário, a reprodução integral do relatório proferido pelo representante da Comissão de Assuntos Econômicos:

PARECER Nº __ DE 2016[80]

Da COMISSÃO DE ASSUNTOS ECONÔMICOS, sobre o Projeto de Lei do Senado (PLS) nº 354, de 2014, que institui procedimento para recomposição de crédito rural, e dá outras providências.

RELATOR: Senador FERNANDO BEZERRA COELHO

I – RELATÓRIO

Vem à análise da Comissão de Assuntos Econômicos (CAE) o Projeto de Lei do Senado (PLS) nº 354, de 2014, que institui procedimento para recomposição de crédito rural, e dá outras providências.

---

[80] Em 30 jun. 2016, pronta para pauta na Comissão. O relator, Senador Fernando Bezerra Coelho, apresentou relatório pela aprovação do projeto de lei. BRASIL. *Atividade Legislativa*: Projeto de Lei do Senado nº 354, de 2014. Disponível em: <https://www25.senado.leg.br/web/atividade/materias/-/materia/119223>. Acesso em: 01 nov. 2016.

A proposição em evidência compõe-se de 23 artigos, dispostos em quatro capítulos, a saber: a) das disposições gerais; b) da forma, do tempo e do lugar dos atos vinculados ao procedimento de recomposição dos créditos de que trata o PLS; c) do pedido de recomposição de débitos; e d) da análise da proposta e da decisão.

O Capítulo I contempla os arts. 1º a 5º, que, em suma, estabelecem regras para a renegociação de dívidas decorrentes de operações de crédito rural; definem o escopo de abrangência do Projeto, que corresponde à renegociação dos créditos rurais, no âmbito administrativo, perante todas as instituições financeiras integrantes do Sistema Nacional de Crédito Rural (SNCR); enunciam os princípios e critérios balizadores das renegociações; e a preveem a aplicação subsidiária do Manual de Crédito Rural (MCR), do Banco Central do Brasil.

Os arts. 6º a 8º, que compõem o Capítulo II, abordam a forma, o tempo e o lugar dos atos vinculados ao procedimento de recomposição dos créditos. Nos termos dessas disposições, o prazo máximo para a resolução do procedimento de que trata o PLS é de 180 (cento e oitenta) dias, podendo ser dilatado até o dobro, mediante comprovada justificativa.

Conforme os arts. 9º e 10, que integram o Capítulo III, são estabelecidos os requisitos de forma e as normas para o processamento dos pedidos de renegociação de dívidas.

Os arts. 11 a 13, que também constam do Capítulo III, possuem disposições relativas à análise da proposta e determinam que:

a) a análise será orientada pela legalidade do cálculo, pela capacidade de pagamento do proponente e pela possibilidade fática de seu cumprimento, inexistindo hierarquia entre tais fatores;

b) estando a capacidade de pagamento comprometida com outros créditos oriundos da mesma natureza, caberá à instituição financeira equacionar a melhor solução para o produtor, tendo como orientação a proposta por ele apresentada; e

c) é facultada a utilização de perícias técnicas para a harmonização das pretensões apontadas.

Em conformidade com os arts. 14 a 22, que integram o Capítulo IV, consideram-se a análise da proposta e da decisão, os procedimentos, os critérios para análise, a competência e os requisitos formais para a decisão e os efeitos do deferimento ou indeferimento da proposta de renegociação, cujos pontos mais relevantes são enumerados a seguir:

a) a análise será realizada, em conjunto, pelas áreas jurídicas, de gestão de riscos e de reestruturação de ativos das instituições financeiras;

b) a análise levará em consideração a quantidade de contratos existentes e o volume de crédito, sendo indispensável a fiel observância das normas de direito financeiro exaradas pelo Conselho Monetário Nacional e pelo Banco Central do Brasil;

c) a aprovação da proposta está vinculada à formulação de parecer, da própria instituição financeira, de viabilidade a ser exarado pela comissão responsável pela análise; e

d) a proposta aprovada terá força de título executivo extrajudicial, comportando renegociação ou extinção da relação creditícia, sendo que a proposta indeferida ou rejeitada poderá ser reapresentada, sanados os vícios e omissões apontados ou, caso rejeitada quanto ao mérito, após mudança em algum dos fatores que orientaram a sua análise.

A cláusula de vigência é estabelecida no art. 23. A proposta foi encaminhada às Comissões de Agricultura e Reforma Agrária (CRA), e em 6 de agosto de 2015 foi aprovado o Relatório do Senador BLAIRO MAGGI, que passou a constituir Parecer da CRA.

A esta Comissão cabe a decisão terminativa da matéria, não tendo recebido emendas no prazo regimental.

II – ANÁLISE

O projeto foi considerado meritório sob o prisma específico da política de financiamentos agropecuários e endividamento rural (art. 104-B, inciso X, do RISF) na análise efetuada pela CRA. Por ora compete à Comissão de Assuntos Econômicos opinar sobre o aspecto econômico e financeiro da matéria, nos termos do inciso I do art. 99 do Regimento Interno do Senado Federal (RISF). O caráter terminativo da decisão, por sua vez, encontra respaldo no inciso I do art. 91 do RISF (projeto de lei ordinária de autoria de Senador).

O alto grau de endividamento do produtor rural leva-o a buscar novos empréstimos para quitar débitos de financiamentos anteriores. A solução apresentada para esse passivo tem se limitado ao alongamento das operações, o que pouco contribui para resolver a situação, pois apenas posterga o ônus contratual para datas futuras.

Em razão das reiteradas propostas legislativas de renegociações de dívidas rurais que anualmente são apreciadas pelo Congresso Nacional, tradicionalmente por via de medidas provisórias, justifica-se a existência de instrumentos efetivos e perenes voltados a esse objetivo, tanto mais quando se observa a importância do agronegócio para a economia brasileira, particularmente no que tange à geração de emprego e distribuição de renda no setor primário.

Nesse sentido, é necessário incentivar as instituições financeiras filiadas ao Sistema Nacional de Crédito Rural (SNCR) a adotarem o procedimento que tem a capacidade de elucidar e, em muitos casos, expurgar débitos porventura irregulares, oportunizando ao produtor o pagamento do valor real devido de acordo com a regra de liberação do recurso correspondente. A solução teria como vantagens diretas a economia de recursos da União hoje utilizados para a transferência de dívidas das instituições financeiras para securitização e a redução da judicialização dos conflitos relativos ao crédito rural.

A proposição oferece um procedimento ágil e equilibrado envolvendo as renegociações de dívidas do crédito rural entre os produtores rurais e as instituições que compõem o Sistema Nacional de Crédito Rural (SNCR).

Em suma, a proposta contribui com a proteção adequada do mutuário produtor rural, não gera impacto fiscal e desburocratiza a renegociação de financiamento rural. Em anexo ofereço substitutivo que visa aperfeiçoar a proposição, que passo a justificar.

É preciso consignar que a instauração desse procedimento não impede que qualquer dos interessados ingresse, a qualquer tempo, com demanda no Poder Judiciário relacionada ao contrato de financiamento objeto da renegociação administrativa, diante da regra da inafastabilidade de controle judicial prevista no art. 5º, inciso XXXV, da Constituição Federal de 1988, segundo a qual "a lei não excluirá da apreciação do Poder Judiciário lesão ou ameaça a direito".

Por essa razão, mister o acréscimo de parágrafo único ao art. 2º: "Art. 2º (...) Parágrafo único: A pendência do procedimento previsto nesta lei não impede que qualquer dos interessados ingresse com ação no Poder Judiciário relacionada ao contrato de financiamento objeto de renegociação administrativa".

Deve-se evitar referências a institutos do regime jurídico administrativo, ante a ausência da figura da Administração Pública em qualquer dos polos da relação jurídica creditícia objeto de refinanciamento. Trata-se inequivocamente de relação jurídica submetida ao regime de direito privado (mutuários e instituições financeiras), sem embargo da expressiva regulamentação estatal sobre o setor financeiro.

Nesse sentido, proponho alterações ao projeto, como a supressão do art. 3º, que invoca princípios e regras típicos do regime jurídico administrativo, como os princípios da proporcionalidade, razoabilidade, impessoalidade, eficiência, duplo grau de jurisdição administrativa, etc. Outras disposições do art. 3º não inovam na ordem jurídica. É o caso do inciso III ("atuação proba, baseada na observância da ética, do decoro e da boa-fé"), cujo comando pode ser extraído de dispositivos legais já existentes, como o Código Civil de 2002, art. 422.

O inciso VIII do parágrafo único do art. 3º ("Nos processos administrativos de recomposição dos créditos rurais serão observados, entre outros, os seguintes critérios: (...) VIII – proibição de cobranças de despesas procedimentais, ressalvadas as previstas em lei") deve ser suprimido. Ao estabelecer um processo administrativo, o projeto estabelece novas rotinas no fluxo de atividades da instituição financeira, acenando inclusive com a necessidade de criação de departamentos específicos, como o "órgão recursal" que apreciará os "recursos administrativos" (art. 20). A previsão de "perícias técnicas" (art. 13) também sinaliza que o processo poderá ensejar custos consideráveis. Tal cenário acarreta novos custos, a justificar eventual cobrança de despesas procedimentais por parte do mutuário produtor rural que se valha do processo instituído pelo projeto. Caso contrário, o custo decorrente do novo processo certamente recairia indiscriminadamente sobre todos os mutuários de financiamento agrícola, e não somente sobre aqueles que efetivamente o utilizaram.

No art. 6º, o *caput* dispõe que os atos do procedimento "não possuem forma determinada, salvo quando previstos em lei específica", ao passo que o §1º preceitua que "os atos do processo devem ser produzidos por escrito, em vernáculo, com a data e local de sua realização, além da assinatura do responsável". A fim de evitar qualquer contradição, cabe suprimir o §1º, mantendo a regra do caput de livre forma dos atos jurídicos, salvo disposição legal em contrário – regra que se coaduna, inclusive, com a tradição brasileira nos negócios privados (por exemplo, art. 107 do Código Civil).

O parágrafo segundo do art. 6º ("O local dos atos do processo é o da agência originária em que o contrato de crédito foi celebrado") mostra-se excessivamente restritivo, podendo prejudicar os interesses do produtor rural. Tome-se a hipótese em que ele não mais reside próximo à agência bancária em que celebrado o contrato de crédito. Nessa esteira, melhor abrir a possibilidade de as partes livremente convencionarem sobre o local de renegociação. A questão restaria bem equacionada com a inclusão da expressão "(...) ou no local livremente convencionado pelas partes" ao final do dispositivo.

O art. 14 estabelece que a proposta será analisada pelas "áreas jurídica, de gestão de riscos e de reestruturação de ativo, que, em conjunto, possuem autonomia para a celebração de acordos operacionais". O dispositivo merece ser suprimido. Interfere na liberdade de organização interna da instituição financeira, em que deve prevalecer a liberdade empresarial, notadamente sob o aspecto da auto-organização e da autogestão (por essa mesma razão suprime-se o parágrafo único do art. 9º). Sob o aspecto pragmático, a exigência pode ser até prejudicial a celebração de acordos menos complexos, em que se revela desnecessária a consulta a três áreas distintas da instituição financeira, podendo retardar o desfecho da negociação.

A redação atual do art. 17 pode abrir precedentes para uma interpretação forçada (especialmente judicial) de que o procedimento de renegociação não poderia contemplar outros tipos de instrumento de formalização (como títulos de crédito ou, quando autorizado em lei sua aquisição pela União, a sua inscrição em dívida ativa) – o que reduz a segurança jurídica, eleva o risco para o banco e diminui o valor de eventual securitização ou venda em mercado secundário. Para que não pairem dúvidas, melhor explicitar na forma que segue: "Art. 17. A proposta aprovada terá força de título executivo extrajudicial, sem prejuízo de quaisquer outros privilégios ou garantias que lhe possam ser atribuídas pela lei ou pelos termos da repactuação".

O art. 19 prevê que a comunicação ao proponente será feita por correspondência postal, com aviso de recebimento. A regra é excessivamente restritiva e a forma de comunicação eleita é dispendiosa. Proponho redação mais maleável aos interesses das partes, sem qualquer risco de prejudicar o produtor rural: "Art. 19. Após a análise da proposta, o proponente será comunicado sobre seu resultado mediante correspondência postal, com aviso de recebimento, ou outro meio idôneo de comunicação livremente convencionado pelas partes".

O art. 20 dispõe que caberá recurso de eventual indeferimento da proposta de acordo, dirigido a "órgão recursal", e o §1º prevê que a instituição financeira disporá de prazo para apresentar "defesa". Não fica claro quem exerceria a função de "órgão recursal", se um departamento hierarquicamente superior da instituição financeira ou se seria alguma entidade externa. Em acréscimo a tal ambiguidade, seria muito provável que essa etapa recursal servisse apenas para confirmar a decisão anteriormente tomada, a burocratizar o procedimento e a retardar um desfecho final da questão. Outrossim, a previsão contida no art. 22, de possibilitar a reapresentação de proposta rejeitada, desde que sanados os vícios indicados no parecer, exsurge suficiente para permitir uma reanálise da proposta pela instituição financeira.

O art. 21 não inova substancialmente na ordem jurídica, limitando-se a reproduzir regras do regime obrigacional contido no Código Civil.

Por fim, o projeto ora faz referência ao termo "procedimento", ora a "processo administrativo". Considerando que consta da própria ementa do projeto o termo "procedimento", e que, como ressaltado linhas acima, deve-se evitar referências a institutos do regime jurídico administrativo, tal como "processo administrativo", opta-se pela adoção do termo "procedimento", com vistas a unificação da terminologia utilizada no projeto, conforme preconiza a boa técnica legislativa (Lei Complementar nº 95, de 26 de fevereiro de 1998, art. 11).

III – VOTO

Ante o exposto, voto pela aprovação do Projeto de Lei do Senado nº 354, de 2014, na forma do substitutivo anexo.

5.4. Emenda ao PLS 354/14

O Senador Fernando Bezerra Coelho, em seu relatório exposto no tópico anterior, votou favoravelmente para a aprovação do PLS, porém com algumas alterações, emendando-as e formando um substitutivo ao projeto criado primeiramente. O "substitutivo em anexo" no qual ele se refere quando proferiu seu voto está exposto abaixo.

EMENDA Nº /2016 – (CAE)
PROJETO DE LEI DO SENADO Nº 354, DE 2014

Institui procedimento para recomposição de débitos de crédito rural, e dá outras providências.

O CONGRESSO NACIONAL decreta:

CAPÍTULO I
DISPOSIÇÕES GERAIS

Art. 1º Esta Lei estabelece normas básicas sobre o procedimento de recomposição de débitos de crédito rural.

Art. 2º O procedimento tem por objetivo viabilizar a negociação e a renegociação dos créditos rurais, perante as instituições financeiras integrantes do Sistema Nacional de Crédito Rural (SNCR). Parágrafo único: A pendência do procedimento previsto nesta lei não impede que qualquer dos interessados ingresse com ação no Poder Judiciário relacionada ao contrato de financiamento objeto de renegociação administrativa.

Art. 3º A viabilidade da composição do débito, medida pela legalidade do cálculo em consonância com a capacidade financeira das partes envolvidas, será elemento preponderante na negociação, sendo, ainda, relevantes as concessões recíprocas destinadas à viabilização da recomposição.

Art. 4º O procedimento será regulado, no que couber e de maneira subsidiária, pelo Manual de Crédito Rural (MCR), do Banco Central do Brasil.

CAPÍTULO II
DA FORMA, DO TEMPO E DO LUGAR DOS ATOS

Art. 5º Os atos vinculados ao procedimento de recomposição dos créditos não possuem forma determinada, salvo quando previstos em lei específica.

§ 1º O local dos atos do procedimento é o da agência originária em que o contrato de crédito foi celebrado, ou em local livremente convencionado pelas partes.

§ 2º Salvo imposição legal, o reconhecimento de firma somente será exigido quando houver dúvida motivada de sua autenticidade.

§ 3º A autenticação de documentos exigidos em cópia poderá ser feita pela instituição financeira mediante vista do original.

Art. 6º O prazo máximo para a resolução do procedimento previsto nesta Lei é de 180 (cento e oitenta) dias.

Parágrafo único. O prazo previsto neste artigo poderá ser dilatado até o dobro, mediante comprovada justificativa.

Art. 7º Os prazos serão contados excluindo-se o primeiro e incluindo-se o último dia.

CAPÍTULO III
DO PEDIDO

Art. 8º O requerimento inicial do interessado deve ser formulado por escrito e conter os seguintes dados:

I – a instituição financeira a que se dirige;

II – a qualificação do requerente e do seu representante, quando houver;

III – o domicílio do requerente ou o local para recebimento das comunicações;

IV – a formulação do pedido, com exposição dos fatos e dos seus fundamentos;

V – os documentos que forneçam suporte a sua pretensão; VI – data e assinatura do requerente ou de seu representante, quando houver.

§ 1º É vedada à instituição financeira a recusa imotivada de recebimento de documentos.

§ 2º A proposta de recomposição deverá ser protocolada na agência de celebração do instrumento originário da dívida, mediante recibo.

Art. 9º Ao receber a proposta, será dada contrafé ao requerente, iniciando o prazo de 60 (sessenta) dias para a resposta, contados da data de recebimento do requerimento.

Art. 10. A análise da proposta será orientada pela legalidade do cálculo, pela capacidade de pagamento do requerente e pela possibilidade fática de seu cumprimento.

Art. 11. Estando a capacidade de pagamento comprometida com outros créditos de mesma natureza, caberá à instituição financeira equacionar a melhor solução para o requerente, tendo como orientação a proposta por ele apresentada.

Art. 12. É facultada a utilização de perícias técnicas.

CAPÍTULO IV
DA ANÁLISE DA PROPOSTA E DA DECISÃO

Art. 13. A análise da proposta levará em consideração a quantidade de contratos existentes e o volume de crédito.

Parágrafo único. Para a realização da análise será indispensável a fiel observância das normas de direito financeiro exaradas pelo Conselho Monetário Nacional e pelo Banco Central do Brasil, todas elas de aplicação obrigatória pela instituição financeira.

Art. 14. A aprovação da proposta está vinculada à elaboração de parecer final pela instituição financeira.

Art. 15. A proposta aprovada terá força de título executivo extrajudicial, sem prejuízo de quaisquer outros privilégios ou garantias que lhe possam ser atribuídas pela lei ou pelos termos da repactuação.

Art. 16. O parecer final conterá:

I – a descrição do perfil do requerente;

II – a viabilidade econômica e financeira do requerente;

III – a descrição das garantias;

IV – o prazo para a quitação do débito ou a quantidade de parcelas remanescentes;

V – uma forma clara de composição das taxas embutidas nas operações vinculadas;

VI – parecer motivado com o resultado sobre o deferimento ou o indeferimento do pedido;

VII – local e data;

VIII – assinatura e identificação do responsável pelo documento.

Art. 17. Após a análise da proposta, o requerente será comunicado do resultado mediante correspondência postal, com aviso de recebimento, ou outro meio idôneo de comunicação livremente convencionado pelas partes.

Art. 18. A proposta que for indeferida ou rejeitada poderá ser reapresentada, desde que sanados os vícios ou omissões apontados no parecer final.

Parágrafo único. Caso a proposta seja indeferida ou rejeitada no mérito, poderá ser reapresentada desde que haja mudança em algum dos fatores que orientam a análise da proposta.

Art. 19. Esta lei entrará em vigor 60 (sessenta) dias após sua publicação.

5.5. Conclusões sobre o PLS 354/14

A criação do PLS teve por objetivo identificar os pontos de divergência na aplicação dos recursos destinados ao fomento da agricultura, uma vez que os números conferidos ao passivo dos produtores rurais e agroindústrias são de bilhões de reais, podendo ser definido o que é recurso efetivamente tomado do que foi exigido pela instituição financeira repassadora do recurso caso a caso. Outro objetivo do projeto é a obrigatoriedade da aplicação das normas do MCR (BACEN), bem como possibilitar ao tomador do recurso o contraditório na esfera administrativa, nos termos do entendimento normatizado do CNJ.

Ocorre, por regra, que a dinâmica do crédito rural apresentada pelos bancos e constantemente debatida pelo Judiciário, políticos e coligados limita-se à causa do problema, aguardando outro prolongamento nas contas. Em estudo realizado neste livro, apontamos como causa principal de inadimplemento a não observância das regras de liberação de crédito rural instituídas pelo Sistema Nacional de Crédito Rural.

O repassador do recurso financeiro, ou seja, os agentes bancários, que recebem a verba para repasse com taxas subsidiadas com o fim de fomentar a produção agrícola, não ficando adstritos ao determinado pelo SNCR, usufruindo dos recursos como se a eles pertencessem.

A prova disto é a chamada "operação mata-mata" e "vendas de pacotes de serviço", em que o produtor pactua nova operação de crédito rural com o intuito de efetuar o pagamento de dívida anterior e, com isto, arrecadar mais capital para o futuro plantio e a compra de serviços do agente financeiro com a finalidade de liberar os recursos do crédito rural, respectivamente. Veja-se que o banco paga com verba subsidiada pela União o débito anterior altamente onerado e lançado em desfavor do produtor rural, retendo, muitas vezes, 100% do novo capital.

Percebe-se que temos verba subsidiada para agricultura, mas ela é utilizada muitas vezes para pagamento do agente financeiro. Esta prática se consolida quando o agente financiador retém parte do crédito público como remuneração da operação, sendo que essa remuneração do mútuo se dá com dinheiro público; portanto, o agente retém crédito público com o objetivo de saldar débito oriundo da operação anterior. Então, é neste momento que ocorre a prática do "mata-mata" com dinheiro público. O fato é que ao longo de determinado período, o valor efetivamente devido pode, na prática, representar até um terço do saldo devedor exigido pelo agente financeiro, o que torna a dívida, consequentemente, impagável.

A Resolução nº 3.208, emitida pelo Banco Central do Brasil em 24 de junho de 2004, informa que, segundo as regras de crédito rural, nenhuma outra despesa pode ser exigida do produtor, salvo os valores de gastos à sua conta pela instituição financeira ou decorrente de expressas disposições legais. Importante fazermos referência novamente às chamadas "vendas casadas" ou compra dos "pacotes de serviços" impostos pelo banco quando da liberação do crédito rural.

As únicas despesas que podem integrar o cálculo a ser cobrado do produtor rural, conforme Resoluções nº 3.208 e nº 3.515, artigo 1º, Inciso I, ambas emitidas pelo Banco Central em 24 de junho de 2004, são: a) Remuneração Financeira a ser limitada pelo Banco Central do Brasil; b) Imposto Sobre Operações Financeiras; c) Custo de Prestação de Serviço; d) Prêmio do Seguro; e) Sanções Pecuniárias; f) Prêmios em Contratos de Opção de Venda do mesmo produto agropecuário objeto do financiamento de custeio ou comercialização em bolsas de mercadorias e futuros nacionais; g) Taxas e Emolumentos referentes a estas operações de contratos de opção.

Outra problemática é a abordagem do Judiciário em razão da matéria; primeiro, porque está sendo deixada de lado a proteção constitucional do produtor; segundo, o tratamento dado ao crédito rural como se fosse uma operação de crédito pessoal que, ao final, acarretará na falência de fato do produtor.

Esta referência é de vital importância tendo em vista que, via de regra, quando o produtor já está negativado, e, consequentemente, inadimplente, o banco busca "renegociar" as dívidas de acordo com as taxas determinadas pelo SNCR, o que deveria ter ocorrido desde a primeira contratação.

Também é importante frisar que a cada "renegociação" o banco aplica todos os encargos possíveis, inclusive os de inadimplemento. O novo crédito tomado pelo produtor embute, por claro, todo o ônus da operação anterior, constituindo-se uma "bola de neve".

Quando o pleito chega ao judiciário, em síntese, o magistrado determinará a manutenção dos juros contratados abaixo de 12% ao ano, e, aqueles acima deste índice serão limitados neste percentual, somados à correção monetária e aos encargos de inadimplemento.

Bom, se analisarmos uma operação que se estendeu por cinco ou dez anos de forma continuada e não considerarmos o recurso efetivamente tomado como base do cálculo, fixando juros em 12% ao ano e encargos financeiros que o produtor de fato não deu causa, torna-se matematicamente impagável a conta.

Dizer que o banco não pode cobrar o serviço para administração do recurso está equivocado; ocorre que, além de onerar esta administração, o próprio banco inviabiliza o pagamento do saldo devedor.

Com tudo exposto, há uma solução, ou seja, o regramento para liberação das verbas de crédito rural existe e é aplicável, porém, quando da sua liberação deve atender àquelas determinações constantes nas resoluções e normativas do Banco Central e do SNCR. As instituições financeiras filiadas aos SNCR, que por opção se credenciaram, devem obrigatoriamente estar abertas a processos administrativos, assim como ocorre em outros órgãos públicos, como Tribunal de Contas e Receita Federal, conferindo ao produtor o direito de ampla defesa administrativa. Referidos procedimentos elucidam, e em muitos casos expurgam do débito irregularidades existentes, oportunizando ao produtor o pagamento do valor real devido ou pelo menos questioná-lo na esfera administrativa. E, ainda, na hipótese de demanda judicial, o histórico da contratação já estaria constituído, facilitando o entendimento do julgador.

O processo administrativo traria a vinculatividade das resoluções e normas que regulam as liberações de crédito rural, trazendo com isso as dívidas para patamares reais, tornando possível ao produtor o pagamento do débito de acordo com sua capacidade e a sua possibilidade, como determina o MCR.

Em casos especiais, como quebra da safra ou variação excessiva do preço do produto, o produtor pode justificar perante a instituição financeira o atraso no adimplemento e, quiçá, prorrogar sua conta nos mesmos patamares contratados, evitando a incidência de encargos de inadimplemento e aumento exagerado do passivo.

Assim, resguardado estaria o ganho da instituição financeira, conforme regra do SNCR, e a proteção constitucional do produtor rural. Da mesma forma, propiciaria aos devedores em atraso a possibilidade de rever os cálculos, evitando a demanda judicial ou a venda da propriedade rural que garante a operação financeira.

Importante salientar que o binômio capacidade e possibilidade do produtor rural está presente nestas modalidades de contratações, com mais razão, por isso, o intermédio de procedimento administrativo, no qual jamais o produtor irá financiar ou refinanciar valor maior que a sua capacidade produtiva.

O processo administrativo teria início na instituição financeira repassadora do Crédito Rural e após sua instrução administrativa e normativa, com instâncias julgadoras definidas. Na prática, facilita ao negociador da instituição financeira viabilizar a capacidade e a possibilidade de pagamento, além de quesitos adicionais a serem analisados caso a caso. Entretanto, a tramitação de um procedimento administrativo sem regulamentação sugere uma análise no mínimo desproporcional daquela realmente pretendida. Veja-se que não haveria necessidade de programas de alongamento de dívidas – como securitização –, tampouco abarrotaria ainda mais o Poder Judiciário com matéria de interesse nacional que representa mais de 20% do Produto Interno Bruto do país.

Analisando as determinações do Conselho Nacional de Justiça, verifica-se que o grande objetivo é abrir caminho para o processo administrativo, que encontra base, por exemplo, no item 26, "d", II, da Resolução nº 4.107 do Banco Central do Brasil, cuja determinação institui que a instituição financeira deverá analisar proposta de negociação acompanhada de informações técnicas que permitam ao banco comprovar o fato gerador da incapacidade de pagamento, sua intensidade, o percentual de redução de renda provocado e o tempo estimado como necessário para que a renda retorne ao patamar previsto no projeto de crédito realizado, analisando a situação de renegociação, caso a caso.

Importante ressaltar que o processo administrativo visa a evitar o ajuizamento de demanda judicial, pois tem como condão normalizar o cadastro de crédito do devedor e seus correlacionados, antecipar o tempo de recuperação do crédito à instituição financeira, bem como efetuar o pagamento da dívida, reduzindo ao máximo a onerosidade e buscando a solução da controvérsia sem a utilização do Poder Judiciário, que deve ser chamado somente quando não houver solução administrativa.

Dessa maneira, o processo administrativo estará respaldado nos contratos pactuados, extratos bancários, avaliações de bens, capacidade de pagamento do produtor, entre outros. Além da análise contratual, segundo entendimentos já pacificados junto ao Superior Tribunal de Justiça, quando necessário.

O Conselho Nacional de Justiça também editou a Resolução nº 125, de 29 de novembro de 2010, que visa, além de fomentar o acordo judicial, à possibilidade de as partes buscarem a solução do conflito de forma consensual, consolidando, assim, uma política permanente de incentivo e aperfeiçoamento dos mecanismos de soluções consensuais de controvérsias.

O próprio Banco do Brasil, maior repassador de recurso agrícola, em seu portal digital, faz menção à Lei nº 12.527, de 18 de novembro de 2011, que em seu art. 1º, II, dispõe sobre os procedimentos a serem observados pelos entes públicos, encontrando-se entre eles as sociedades de economia mista – objetivando garantir às pessoas interessadas o acesso a todas as informações necessárias, inclusive àquelas preponderantes para processo administrativo. Porém, na prática, não é o que acontece, isto por falta da obrigatoriedade de tramitação do processo administrativo, o qual deverá acontecer de modo que coloque fim ou diminua para patamares reais o endividamento rural.

A atividade rural e as normas obedecidas pelos produtores rurais bem como a quem a eles cooperam, como órgãos fomentadores de recursos, conforme disposições do Banco Central estão dispostas no artigo 970 do Código Civil: "A lei assegurará tratamento favorecido, diferenciado e simplificado ao empresário rural e ao pequeno empresário, quanto à inscrição e aos efeitos daí decorrentes".

A Constituição Federal, em seu artigo 187, também dispõe que o produtor rural se encontra em posição de destaque devido a sua atividade preponderante. O texto disposto no Artigo Constitucional citado confere ao produtor rural um tratamento coerente da própria União e seus coligados, leia-se, as instituições financeiras, pois está ancorado em políticas de desenvolvimento e de tratamento econômico diferenciados.

Podemos concluir que o produtor rural desempenha atividade econômica relevante à sociedade, ou seja, a garantia alimentar. Então, qualquer procedimento adotado na busca da satisfação da pretensão de resolução do passivo bilionário possui viés que demanda extrema cautela. Não se pode admitir alongar números de dívidas que são fictícios ou que satisfaçam apenas interesses das instituições tomadoras destes recursos.

A política de crédito rural associada ao posicionamento do Judiciário não beneficia, por diversas vezes, a continuidade da atividade econômica do produtor, ferindo frontalmente a liberdade econômica, a Constituição Federal e a própria continuidade da atividade produtiva. Marginalizar a categoria ruralista, nominando-os como maus pagadores ou detentores de recursos fáceis, não condiz com a realidade que se impõe.

Conclusão

O estudo desenvolvido neste livro procurou demonstrar a importância das regras que regulam as políticas de crédito rural através dos instrumentos contratuais desenvolvidos ao longo da história do agronegócio brasileiro que continuam viabilizando o repasse dos recursos destinados à política agrícola perante os agentes financeiros integrantes ao Sistema Nacional do Crédito Rural.

O contexto histórico, a finalidade, a função social do contrato, os posicionamentos jurisprudenciais e o objetivo principal do crédito rural, giza-se, a garantia alimentar, todos espelham a realidade do produtor rural no Brasil. As principais problemáticas apresentadas ao longo do livro, tais como o repasse do crédito efetuado pelo agente financeiro e o posicionamento jurisprudencial dominante, ainda carecem de maior sensibilidade para melhor aplicação das regras de crédito rural constantes no MCR.

Inegável que o produtor rural é o fornecedor imprescindível do sustento da humanidade, estando a cada safra vulnerável às condições externas da produção agrícola. Desta forma, os recursos a taxas subsidiadas possuem uma política própria para cada tipo de cultura e a cada região agricultável do Brasil. As empresas rurais ou o empresário rural, como definido pelo artigo 970 do Código Civil, são verdadeiros empreendimentos "a céu aberto", já que na ocorrência de fatores externos alheios à vontade do produtor, poderá ocorrer a perda de até a totalidade do cultivo.

Estes fatores são condicionados principalmente por questões climáticas, mercadológicas e ainda, no Brasil, são agravados por falta de logística e de seguro agrícola acessível. Invariavelmente, o produtor rural está sujeito a estes fatores que precisam ser analisados pelos nossos Tribunais de forma aprofundada.

O crédito rural e suas normas e resoluções visam o alcance dos princípios constitucionais da busca do pleno emprego, da função social da propriedade e da ordem social, uma vez que nenhum país se desenvolve sem o adequado abastecimento alimentar, que somente se faz através de uma política forte e estrutural para o setor agrícola, setor este que não depende somente do mercado e da habilidade do empresário, mas sim, além dos fatores naturais, que fogem ao controle das técnicas rurais, tais como as chuvas e o sol em momento oportuno, a não ocorrência de geadas, pragas, entre outros fatores adversos, sendo considerado como verdadeira empresa "a céu aberto".

O livro "Crédito Rural: um desafio a céu aberto" nos remete ao fato de vivermos na incerteza de proteção ao bem tutelado pelo agricultor, qual seja, o alimento, este, como mencionado ao longo do livro, é garantia primordial para continuarmos executando as demais tarefas do dia a dia.

O PLS 354/2014 facilitará ao produtor rural e ao agente financeiro um diálogo célere e menos oneroso na esfera administrativa, bem como em plena atividade reduzirá a demanda judicial que abarrota nossos Tribunais. A título exemplificativo, importante seria nos colocarmos na posição do agricultor e imaginarmos como seria chegar aos nossos escritórios, a nossas residências, caso fossem desprotegidos do clima. "Crédito Rural: um desafio a céu aberto" também é uma preparação ao próximo estudo que realizaremos, cujo objetivo principal é a garantia alimentar e os princípios que norteiam a produção alimentar (Crédito Rural – uma visão da garantia alimentar).

Posfácio

O tema da agricultura no Brasil parece cada vez mais ligado a uma garantia constitucional a que todos devemos atender. Alegro-me em escrever este posfácio a uma obra que detenha suas atenções ao produtor rural como garantidor do direito fundamental à alimentação. Em minha trajetória enquanto homem ligado ao agronegócio, sou profundo conhecedor das dificuldades encontradas pela categoria.

O Dr. Marco Antônio Floriano Bittencourt e a Dra. Sophia Martini Vial têm dedicado boa parte de seus estudos para o exame das questões jurídicas referentes ao agronegócio, especialmente as que dizem com o financiamento das safras, ou, particularmente, ao crédito rural brasileiro, o que foi demonstrado ao longo desse estudo.

Basta verificar o sumário para comprovar a abrangência do trabalho. A partir de uma observação introdutória, os autores cuidam de diversas etapas pelas quais passou a questão do crédito rural no país, relatando o contexto histórico, de grande importância para a compreensão dos atuais entendimentos à matéria, além de especificar os órgãos que o abarcam e o entendimento da judicialização desse crédito especial.

Embora acentuando os equívocos da legislação e da prática adotada no país para enfrentar a crucial questão agrária, e relatando as dificuldades sofridas por essa notável categoria, os autores não deixam de manifestar seu otimismo diante do nosso potencial agrícola, da capacidade de nosso produto e da real possibilidade de serem encontradas adequadas e justas soluções jurídicas para causas oriundas da legislação agrária, fundadas no Código Civil e no Código de Defesa do Consumidor.

A matéria inquestionavelmente é complexa, uma vez que envolve uma atividade sujeita a grandes riscos por seus elevados investimentos, estando submetida a tratamento legal variado e inconstante, com sucessivas leis que implantaram planos econômicos e trataram de renegociações, alongamentos, substituição de garantias, etc., criando um emaranhado jurídico de difícil compreensão.

Importante mencionar que é indiscutível a importância do agronegócio brasileiro, já que representa 23% do PIB do nosso país, o que corresponde a mais de R$ 1,1 trilhão, além de ser responsável por cerca de 40% do faturamento de nossas exportações. No entanto, não se demonstra com isso somente a sua importância pelas cifras monetárias, mas também porque envolve questões vitais e estratégicas para todos os brasileiros, como a garantia da segurança alimentar, bem como a manutenção dos empregos de, aproximadamente, trinta milhões de pessoas.

Portanto, nesse campo, é importante ter uma longa vivência e um agudo senso de observação para, desta forma, apreender, e mais relevante, compreender o conjunto de ordenamento jurídico no trato da questão, percebendo a especificidade de cada uma das diversas situações que podem surgir no relacionamento contratual e assim poder acompanhar a evolução do tratamento legal incidente sobre os contratos de financiamento agrário, como foi observado ao longo do livro.

Pela ocorrência frequente de endividamento do produtor rural decorrente, muitas vezes, de operações continuadas junto aos agentes financeiros, leva-o a buscar novos empréstimos para quitar débitos de financiamentos anteriores. A solução utilizada continua sendo o alongamento das operações quando se trata de dificuldades de comercialização de produtores, frustração de safras, por fatores adversos, eventuais ocorrências prejudiciais ao desenvolvimento das explorações, entre outros motivos, não contribuindo de forma plausível para a solução real da situação, uma vez que posterga o ônus contratual para datas posteriores.

Com esse conhecimento, renegociações de dívidas rurais são, diversas vezes, inevitáveis. Porém, há uma exorbitante burocracia que envolve esse procedimento, levando a um abarrotamento do Judiciário, o que torna o processo de renegociação extremamente enfadonho, prejudicando o setor produtivo rural, tendo em vista que esse grupo, em especial, necessita de respostas céleres para que possa planejar de forma adequada a sua produção.

É sabido que a regra geral dos contratos é de que são fontes de obrigação, formulados de acordo com a liberdade de escolher de ambas as partes, entretanto, os contratos expostos aqui, especialmente os de financiamento para o agronegócio, possuem um caráter muito mais social, devendo ter um tratamento especial, fugindo da regra geral, tratado de maneira mais pontual e célere.

É neste sentido que se torna de extrema relevância a iniciativa do projeto Replantar, elaborado pelos autores em conjunto a Senadora Ana Amélia Lemos, incentivando as instituições financeiras filiadas ao Sistema Nacional de Crédito Rural a estarem abertas ao processo administrativo, já que tem uma capacidade maior de elucidar e, além disso, diversas vezes, em expurgar débitos irregulares, dando uma real oportunidade ao produtor rural em pagar o valor devido de acordo com as regras de liberação de recurso correspondentes.

Sendo assim, não se mostra como um perdão, uma anistia da dívida, da obrigação pactuada, o que diversas vezes é confundido, e sim, de reenquadramento às normas estabelecidas pelo BACEN para que o produtor rural pague efetivamente, ou seja, de acordo com as regras que a própria política de fomento a agricultura determinou, e não pela regra que o banco entende.

O PLS nº 354/2014 traz uma vantagem não só ao segmento rural, mas também demonstra uma verdadeira economia de recursos da União que hoje são utilizados para transferência de dívidas das instituições financeiras para securitização, podendo ser repassado para outros segmentos, além da redução da judicialização de conflitos que abarcam como pretensão o reenquadramento às normativas referentes ao crédito rural.

O projeto visa a um procedimento ágil e equilibrado envolvendo as renegociações de dívidas do crédito rural entre os produtores e as instituições financeiras, desburocratizando-as, contribuindo com a proteção adequada do mutuário do produtor, não gerando impacto fiscal.

Por fim, considero louvável a iniciativa no sentido de prover os agentes financeiros de um instrumento menos burocrático para que possam proceder às renegociações do crédito rural de forma mais ágil.

Neste contexto, o livro que ora se publica vem preencher uma lacuna em nossa bibliografia, pois versa sobre tópicos de significativa importância, trazendo informações atualizadas, tendo, ao fim, o propósito de informar, esclarecer e trazer uma solução para os equívocos da legislação e da prática adotada no país.

Pertinente, ao fim, não esquecermos a importância do crédito rural ao Brasil, uma vez que representa uma importante política de incentivo ao setor agrícola brasileiro, principalmente no que tange às principais culturas exportadoras, contribuindo de forma positiva à sociedade. A política agrícola, por sua vez, promoveu, e ainda o faz, a expansão da atividade agrícola e do agronegócio, colocando o país como referência na exportação de produtos fruto de sua atividade, sendo imprescindível o projeto Replantar tornar-se Lei de fato para termos a continuidade do trabalho que vem sendo feito de forma inigualável ao país.

Brasília, 09 de novembro de 2016.

Blairo Maggi,
Ministro da Agricultura,
Pecuária e Abastecimento

Bibliografia

AGÊNCIA SENADO. *CRA aprova projeto que facilita renegociação de dívidas rurais*. Disponível em: <http://www12.senado.leg.br/noticias/materias/2015/08/06/cra-aprova-projeto-que-facilita-renegociacao-de-dividas-rurais>. Acesso em 07 de out. 2016.

ALMEIDA, Amador Paes de. *Teoria e prática dos Títulos de Crédito*. 21. ed. São Paulo: Saraiva, 2002.

ARAÚJO, Paulo Fernando Cidade de. Crédito rural e endividamento em período recente. São Paulo: *Revista Preços Agrícolas*, n. 161, mar. 2000.

BACEN. *Matriz de Dados do Crédito Rural*. Disponível em: <http://www.bcb.gov.br/pt-br/#!/c/MICRRURAL/>. Acesso em: 22 out. 2016.

——. *Circular nº 1.268*. Disponível em: <http://www.bcb.gov.br/pre/normativos/circ/1987/pdf/circ_1268_v1_O.pdf>. Acesso em: 07 nov. 2016.

——. *Processos administrativos punitivos no Banco Central do Brasil*. Disponível em: <http://www4.bcb.gov.br/fis/PAD/port/Menu/ProcessoAdministrativo.asp>. Acesso em: 01 nov. 2016.

BARRETO, Lauro Muniz. *Financiamento Agrícola e Títulos de Crédito Rural*. São Paulo: Max Limonad, v. 1, 2. ed., 1967.

BARROS, José Roberto Mendonça de; BARROS, Alexandre Lahóz Mendonça de. *Agricultura Brasileira*: um Caso de Sucesso no Trópico. In: BURANELLO, Renato; *et al*. (Coord.). Direito do Agronegócio – mercado, regulação, tributação e meio ambiente. São Paulo: Quartier Latin, 2011.

BARROS, Wellington Barros. *O Contrato e os Títulos de Crédito Rural*. Porto Alegre: Livraria do Advogado, 2000.

——. *Curso de Direito Agrário*. Porto Alegre: Livraria do Advogado, 2009.

BECKER, Anelise. *Teoria geral da lesão nos contratos*. São Paulo: Saraiva, 2000.

BESSONE, Darcy. *Direitos Reais*. São Paulo: Saraiva, 1988.

BRASIL. *Atividade Legislativa*: Projeto de Lei do Senado nº 354, de 2014. Disponível em: <https://www25.senado.leg.br/web/atividade/materias/-/materia/119223>. Acesso em: 25 out. 2016.

——. *Lei 8.078, de 11 de setembro de 1990. Código de Defesa do Consumidor*. Disponível em: <https://www.planalto.gov.br/ccivil_03/Leis/L8078.htm>. Acesso em: 08 nov. 2016

——. *Constituição da República Federativa do Brasil de 1988*. Disponível em: < http://www.planalto.gov.br/ccivil_03/constituicao/constituicaocompilado.htm>. Acesso em: 31 out. 2016.

——. *Decreto nº 91.152, de 15 de março de 1985. Cria o conselho de Recursos do Sistema Financeiro Nacional e dá outras providências*. Disponível em: <http://www.planalto.gov.br/ccivil_03/decreto/1980-1989/D91152.htm>. Acesso em: 31 out. 2016.

——. *Lei nº 4.829, de 05 de novembro de 1965. Institucionaliza o crédito rural*. Disponível em: <http://www.planalto.gov.br/ccivil_03/leis/L4829.htm>. Acesso em: 31 out. 2016.

_____. Ministério da Indústria, Comércio Exterior e Serviços. *Balança comercial brasileira*. Disponível em: <http://www.mdic.gov.br/component/content/article?id=84>. Acesso em: 31 out. 2016.

_____. *Potencial agrícola coloca Brasil à frente da segurança alimentar no mundo*. Disponível em: <http://www.agricultura.gov.br/comunicacao/noticias/2015/12/potencial-agricola-coloca-brasil-a-frente-da-seguranca-alimentar-no-mundo>. Acesso em: 20 out. 2016.

_____. *Superior Tribunal de Justiça*. Recurso Especial nº 132.730 da 3º Turma, rel. Min. Carlos Alberto Direito, 16 jun. 1998. Disponível em: <https://ww2.stj.jus.br/processo/ita/documento/mediado/?num_registro=199700350622&dt_publicacao=24-08-1998&cod_tipo_documento=>. Acesso em: 28 out. 2016.

_____. Superior Tribunal de Justiça. Súmula nº 298. Disponível em: <https://ww2.stj.jus.br/docs_internet/revista/eletronica/stj-revista-sumulas-2011_23_capSumula298.pdf>. Acesso em: 08 nov. 2016.

BUAINAIN, Antonio Marcio, *et al*. *Alternativas de financiamento agropecuário*: experiências no Brasil e na América Latina. Brasília: Instituto Interamericano de Cooperação para a Agricultura, 2007.

BULGARELLI, Waldírio. Aspectos jurídicos dos títulos de crédito rural. São Paulo: *Revista dos Tribunais*, v. 453, jul. 1973.

CAMPOS, Diego Leite de Campos. A função social da atividade bancária. São Paulo: *Revista do Direito Bancário e do Mercado de Capitais*, v. 50, p. 190-198, dez. 2010.

COELHO, Carlos Nayro. 70 anos da política agrícola no Brasil. Brasília: *Revista da Política Agrícola*, ano x, n. 3, jul./set. 2001.

CARVALHO, Maria Auxiliadora de. *Estabilização dos preços agrícolas no Brasil*: a política de garantia de preços mínimos. São Paulo: IEA, 1994.

CEPEA; ESALQ/USP; CNA. *Pib do Agronegócio – Dados de 1995 a 2015*. Disponível em: <http://cepea.esalq.usp.br/pib/>. Acesso em 18 out. 2016.

CETIP. *Proposta de Combinação da BMF&BOVESPA e Cetip*. Disponível em: <http://ri.cetip.com.br/conteudo_pt.asp?idioma=0&conta=28&tipo=60014>. Acesso em: 31 out. 2016.

COELHO, Fábio Ulhoa. *Contratos*. 5. ed. São Paulo: Saraiva, 2012.

_____. Títulos do Agronegócio. In: BURANELLO, Renato; *et al*. (Coord.). *Direito do Agronegócio*: Mercado, Regulação, Tributação e Meio Ambiente. São Paulo: Quartier Latin, 2013.

DI PIETRO, Maria Sylvia Zanella. *Direito Administrativo*. 17. ed. São Paulo: Atlas, 2004.

EFING, Antônio Carlos. *Direito Constitucional do Consumidor:* a dignidade humana como fundamento da proteção legal. In: EFING, Antônio Carlos (coord.). Direito do Consumo. Curitiba: Juruá, 2002.

FACCHINI NETO, Eugênio. Reflexões histórico-evolutivas sobre a constitucionalização do direito privado. In: SARLET, Ingo Wolfgang (Org.). *Constituição, direitos fundamentais e direito privado*. 2. ed. Porto Alegre: Livraria do Advogado, 2006.

FAO. Desperdício de alimentos tem consequências no clima, na água, na terra e na biodiversidade. Disponível em: <https://www.fao.org.br/daccatb.asp>. Acesso em 26 out. 2016.

FEALQ. *Análise territorial para o desenvolvimento da agricultura irrigada no Brasil*. Disponível em: <http://www.mi.gov.br/documents/1610141/3732769/An%C3%A1lise+Territorial+-+Relat%C3%B3rio+T%C3%A9cnico+Final.pdf/39ec0b08-3517-47e8-acbd-269803e3cf97>. Acesso em: 21 out. 2016.

FLORIANO BITTENCOURT, Marco Antônio. *Crédito Rural – solução para o passivo bilionário*. Disponível em: <http://florianobittencourt.adv.br/novo/2014/05/credito-rural-solucao-para-o-passivo-bilionario/>. Acesso em: 05 de out. 2016.

FORTUNA, Eduardo. *Mercado Financeiro* – produtos e serviços. 15. ed. Rio de Janeiro: Qualitymark, 2002.

FRONTINI, Paulo Salvador. Cédula de Produto Rural – CPR – Novo título circulatório (Lei 8.929/1994). São Paulo: *Revista do Direito Mercantil, Econômico e Financeiro*, ano 99, p. 121-1122, jul./set. 1995.

FURSTENAU, Vivian. *O Crédito Rural no Brasil e seus efeitos sobre a agricultura gaúcha*. Porto Alegre: FEE, 1988.

GOMES, Orlando. *Contratos*. 26. ed. Rio de Janeiro: Forense, 2009.

——. *Obrigações*. Revista, atualizada e aumentada, de acordo com o Código Civil de 2002, por Edvaldo Brito. 18. ed. rev. e atual. Rio de Janeiro: Forense, 2016.

GONÇALVES, Carlos Roberto. *Direito civil brasileiro* – Direito das Coisas. São Paulo: Editora Saraiva, v. 5, 6. ed., 2011.

GUIMARÃES, Paulo Jorge Scartezzini. A comissão de permanência cobrada pelos bancos frente ao Código de Defesa do Consumidor. São Paulo: *Revista dos Tribunais*, n. 781, nov. 2000.

IBGE. *Censo agropecuário 2006* – Brasil, Grandes Regiões e Unidades da Federação. Disponível em: <http://biblioteca.ibge.gov.br/visualizacao/livros/liv61914.pdf>. Acesso em: 18 out. 2016.

IMB. *Perfil socioeconômico do Estado de Goiás*. Disponível em: <http://www.imb.go.gov.br/perfilweb/perfil_bde.asp>. Acesso em: 08 nov. 2016.

JOBIM, Geraldo. A tutela constitucional do crédito rural: (i) licitude da securitização de ativos à União Federal. Porto Alegre: *Revista Eletrônica Artigos Jurídicos e Direito em Debate*, n. 9, ano V, 2015.

LIRA, Ricardo Pereira. A onerosidade excessiva nos contratos. Rio de Janeiro: *Revista de Direito Administrativo*, n. 159, jan./mar. 1985.

LOPES, João Batista. *Curso de direito processual civil*. São Paulo: Atlas, v. 1, 2005.

MAPA. *Projeções do Agronegócio*: Brasil 2015/16 a 2025/26 – Projeções de Longo Prazo. Disponível em: <http://www.agricultura.gov.br/arq_editor/Proj_Agronegocio2016.pdf>. Acesso em: 19 out. 2016.

MARQUES, Benedito Ferreira. *Direito agrário brasileiro*. 11. ed. rev. e ampl. São Paulo, Atlas, 2015.

MARQUES, Cláudia Lima. Estudo sobre a vulnerabilidade dos analfabetos na sociedade de consumo: o caso do crédito consignado a consumidores analfabetos. São Paulo: *Revista do Direito do Consumidor*, v. 95, p. 99-145, set./out. 2014.

——; BENJAMIN, Antônio Herman V.; MIRAGEM, Bruno. *Comentários ao Código de Defesa do Consumidor*. 3 ed. rev., atual. e ampl.. São Paulo: Revista dos Tribunais, 2010.

MAYER, Otto. Derecho *Administrativo Alemán*, t. II. Buenos Aires: De Palma, 1951.

MARTINS, Samir José Caetano. A onerosidade excessiva no Código Civil: instrumentos de manutenção da justa repartição dos riscos negociais. São Paulo: *Revista de Direito Privado*, v. 31, p. 256-293, jul./set. 2007.

MATTEI, Lauro; SANTOS JÚNIOR, José Aldoril. Industrialização e substituição de importações no Brasil e na Argentina: uma análise histórica comparada. Paraná: *Revista de Economia*, v. 35, p. 93-115, jan./abr. 2009.

MEIRELLES, Hely Lopes. *Direito Administrativo Brasileiro*. 32. ed. São Paulo: Malheiros, 2006.

MIRAGEM, Bruno. Abuso de direito: ilicitude objetiva no Direito Privado brasileiro. São Paulo: *Revista dos Tribunais*, v. 842, dez. 2005.

NASCIMENTO, Tupinambá Miguel Castro do. *Penhor e Anticrese*. Rio de Janeiro: Aide, 1986.

NEGREIROS, Teresa. *Teoria do contrato*: novos paradigmas. 2. ed. Rio de Janeiro: Renovar, 2006.

NERY JUNIOR, Nelson; NERY, Rosa Maria de Andrade. *Comentários ao Código de Processo Civil*. São Paulo: Revista dos Tribunais, 2015.

NUNES, Silvério Carvalho. O Crédito Rural perante a justiça. Belo Horizonte: *Associação dos Magistrados Mineiros*, n. 17, dez. 1988.

OLIVEIRA NETO, Nestor Porto de. O Crédito Rural no Brasil. Rio de Janeiro: *Revista Doutrinária* – Instituto Ítalo-Brasileiro de Direito Privado e Agrário Comparado, ano 1, n. 1, mai. 1998.

ONU. *Population Division*: World Urbanization Prospects, the 2015 Revision. Disponível em: <https://esa.un.org/unpd/wpp/>. Acesso em: 25 out. 2016.

PEREIRA, Caio Mário da Silva. *Instituições de Direito Civil*. Direitos Reais: posse, propriedade, direitos reais de fruição, garantia e aquisição. 18. ed. Rio de Janeiro: Forense, 2004.

PEREIRA, Lutero de Paiva. *Comentários à Lei da Cédula de Produto Rural*. 3. ed. Curitiba: Ubá, 2005.

——. *Financiamento e Cédula de Crédito Rural*. 2. ed. Curitiba: Juruá, 1999.

PIMENTEL, Fernando Lobo. *Evolução dos instrumentos do crédito para o agronegócio brasileiro*. In: BURANELLO, Renato; et al. (Coord.). Direito do Agronegócio: Mercado, Regulação, Tributação e Meio Ambiente. São Paulo: Quartier Latin, v. 2, 2013.

——. *Evolução dos instrumentos do crédito para o agronegócio brasileiro*. In: BURANELLO, Renato; et al. (Coord.). Direito do Agronegócio: Mercado, Regulação, Tributação e Meio Ambiente. São Paulo: Quartier Latin, v. 2, 2013.

PONTES DE MIRANDA, Francisco Cavalcanti. *Tratado de Direito Privado*. Parte especial. Direitos das coisas: penhor rural. Penhor industrial. Penhor mercantil. Anticrese. Cédulas rurais pignoratícias, hipotecárias e mistas. Transmissões em garantia. Tomo XXI. Atualizado por Nelson Nery Jr. e Luciano de Camargo Penteado. São Paulo: Revista dos Tribunais, 2012

——. *Tratado de Direito Privado*. São Paulo: Revista dos Tribunais, 3. ed. Tomo XX, 1983.

REIFSCHNEIDER, Franciso José Becker. et al. *Novos ângulos da história da agricultura no Brasil*. Brasília: Embrapa Informação Tecnológica, 2010.

RIZZARDO, Arnaldo. Curso de Direito Agrário. São Paulo: Revista dos Tribunais, 2013.

SADDI, Jairo S. *A disciplina constitucional do Sistema Financeiro Nacional e o Banco Central do Brasil*. Seminários DIMAC n° 17. Rio de Janeiro: Instituto de Pesquisa Econômica Aplicada – IPEA, 2000.

SANTOS, J.M. de Carvalho. *Código Civil Interpretado* – Direito das Coisas. Rio de Janeiro: Freitas Bastos, 12. ed., v. X, 1982.

SIMONSEN, Mário Henrique. Audiência na Subcomissão de Orçamento e Fiscalização Financeira da Comissão do Sistema Tributário, Orçamento e Finanças da Assembleia Nacional Constituinte, realizada em 30 de abril de 1987. In: SENADO FEDERAL. Assembleia Nacional Constituinte: 20 anos, 2008.

SOUZA FILHO, Genival Silva. Crédito Rural e a política nacional de refinamento para pequenos produtores. São Paulo: *Revista dos Tribunais*, v. 928, p. 201 – 2016, fev. 2013.

VENOSA, Silvio de Salvo. *Direito civil*: teoria geral das obrigações e teoria geral dos contratos. 11. ed. São Paulo: Atlas, v. 02, 2011.

WALD, Arnoldo. Da desnecessidade de pagamento prévio para caracterização da Cédula do Produto Rural. Rio de Janeiro: *Revista Forense*, n. 374, jul./ago. 2004.

——. Uma nova visão das instituições financeiras. São Paulo: *Revista de Direito Bancário e do Mercado de Capitais*, v. 50, p. 21-29, out./dez. 2010.

WILDMANN, Igor Pantuzza. *Crédito Rural*: teoria, prática, legislação e jurisprudência. Belo Horizonte: Del Rey, 2001.

WINTER, Marcelo Franchi. Cédula de produto rural e teoria da imprevisão. São Paulo: *Revista de Direito Bancário e do Mercado de Capitais*, v. 57, p. 171, jul. 2012.